海外投資家に日本の不動産を売る方法

株式会社フロンティアグループ
代表取締役社長
金子 嘉徳
Yoshinori Kaneko

監修
平野 克典（司法書士）・羽生 明彦（司法書士）
Katsunori Hirano　Haruhiko Habu

SOGO HOREI PUBLISHING CO., LTD

はじめに

日本の不動産に向けられた海外マネーの熱い眼差し

その会場は、異様な熱気に包まれていました。

2016年、台北で開かれた、あるイベントに参加したときのことです。そのイベントのテーマは「日本の物件を購入するための不動産投資セミナー」。そこには不動産投資に関心が強い台湾の事業者や個人投資家たちが新たなチャンスを求めて大勢詰めかけていました。そう、まさに今、日本の不動産は海外の投資家から注目されているのです。

その背景には様々な要因がありますが、一番わかりやすいのは2020年に開催が決まっている東京オリンピックです。事実、都心の物件価格は上昇傾向にあります。オリンピック開催が近づくに連れて、さらなる上昇も期待できる可能性があります。それだけ、日本の不動産の投資対象としての価値が認められているということなのです。

海外投資家の中でもとりわけ日本の不動産を熱い眼差しで見ているのが中国人です。中国がGDP（国内総生産）で日本を追い抜きアメリカに次ぐ世界第2位に躍り出たのは2010年のことですが、その後も過熱気味の経済に政府が調整を続けながらさらなる成長を続けています。東京の秋葉原や銀座で訪日中国人客が派手な買い物をする、いわゆる〝爆買い〟は2016年になってやや沈静化したようですが、中国人の購買力の代名詞として、すっかり定着しました。

そう、中国人は今、お金を持っています。お金を持っているのはいわゆる〝富裕層〟だけではなく、経済成長で大量に生み出された〝中間層〟と呼ばれる人たちです。そして、彼らはただ買い物をするだけでなく、お金を増やすための投資先を探しています。

このことは、日本国内に不動産を所有しているオーナーのみなさん、投資家のみなさんにとって、まさにビッグチャンスなのです。

なぜ海外投資家とつきあうべきなのか

では、なぜ中国人投資家が不動産の取引相手として有望なのでしょうか。その理由は、何と言っても彼らが豊富な資金力を持っていることです。普通の日本人なら手の届かないような価格の物件を、いとも簡単に現金で購入することもあります。

もう1つの理由は、日本の不動産業者ならなかなか手を出さないような、いわゆる〝ワケあり物件〟でも、彼らなりのバリューアップ方法を考えて、収益を生み出す智恵を振り絞ってくれることです。

もともと中国人は、投資に積極的な人たちです。詳しくは本文で説明しますが、中国国内だけで投資を行うことに対するリスク感覚もあり、海外で資産を増やすことに強い関心を持っています。日本人のように国内でただお金を眠らせておくのは、もったいないと考えているのです。

私はこれまで、数多くの中国人と不動産取引をしてきました。そのなかで、文化の違い、慣習の違い、そして考え方の違いなどを肌で感じてきました。しかし、これからは日本の不動産オーナーや不動産投資家も広く世界の人々を相手にビジネスをするべきだと思います。

そこで、これからますます増えていくであろう中国人を中心とする海外投資家との取引に際する指針として、本書を執筆しました。ぜひ、多くの不動産オーナーや不動産投資家、そして幅広く不動産業界関係者の方々に役立てていただければと思います。

本書の構成

本書は次のような構成になっています。

第1章「ますます高まる東京圏の不動産の魅力」

海外投資家との不動産取引を学ぶにあたり、まず東京圏を中心とする日本の不動産が彼らにとって投資対象としていかに魅力的に映るのか、そのポテンシャルを再確認します。

第2章「なぜ、中国人が日本の不動産に殺到するのか」

次に、なぜ海外投資家が日本の不動産に強い関心を抱くのか、その理由を彼ら自身の内的事情から説明していきます。

第3章「これが中国人の不動産投資スタイルだ」

同じ不動産取引でも国が変わればそのスタイルも変わってきます。ここでは、海外投資家の中でもとりわけパワフルな動きを見せる中国人投資家のスタイルを説明します。

第4章「これが海外投資家のバリューアップ方法だ」

同じ物件でも私たち日本人と海外投資家では価値を見出す基準が異なる場合があります。ここでは日本人ならなかなか思いつかない彼らのバリューアップ方法を解説します。

第5章「オーナーから見た中国人に売るメリット」

第1～第4章までで解説してきたことをもとに、日本国内に物件を保有するオーナー・投資家のみなさんにとって、海外投資家に物件を売ることのメリットを説明します。

第6章「外国人との取引手続きの概要と交渉する際の注意事項」

外国人との不動産取引であっても国内取引との違いはさほどありません。ここではオーナー・投資家として最低限知っていただきたい手続きを解説します。

第7章「信頼できる業者の選び方」

国内取引同様、不動産取引の成功には業者の協力が欠かせません。最後の章では、外国人との取引で活用する業者の選び方についてアドバイスします。

今後、中国人をはじめとする海外投資家を相手に取引をすることで、みなさんのチャンスはさらに広がっていくと思います。

2016年11月吉日

株式会社フロンティアグループ　代表取締役
金子嘉徳

目次

はじめに 3

第1章 ますます高まる東京圏の不動産の魅力

01 2020年オリンピック開催、ますます魅力的となる東京 16
02 知っていますか？ 東京がもともと持っている魅力とポテンシャル 20
03 少子高齢化が進む日本でも東京の不動産投資が有望な理由 33

第2章 なぜ中国人が日本の不動産に殺到するのか

01 巨大な経済大国となった中国、巨大な購買力を持つ中国の中間層 46
02 「もっと豊かになりたい！」、中国人の飽くなき欲望 56
03 自国に対する不信・不安がもたらす投資移民 65
04 実は日本が好きであこがれている、日本を信頼している中国人 76

05 日本の高利回りに魅力を感じる、台湾、香港、シンガポールの投資家 80

第3章

これが中国人の不動産投資スタイルだ

01 パワーあふれる、若くして成功した経営者が多い 90
02 見栄やプライドで、有名な土地（都心、観光地）に興味を示す 95
03 区分所有よりも、土地の所有権がつく一棟ものを好む 100
04 面識のない人よりも、知り合いからの紹介を重んじる 106
05 あらかじめ予算を決めて買いに来るので意思決定が速い 112

第4章

これが海外投資家のバリューアップ方法だ

01 物件のバリューアップは、中国人に聞け 116
02 深刻化する日本の〝空き家〟問題 122

03 バリューアップ手法その1空き家を民泊に活用する 127
04 バリューアップ手法その2空き家をシェアハウスに活用する 137
05 いわゆる〝ワケあり〟物件への対処法 141

第5章 オーナーから見た中国人に売るメリット

01 高額の物件でも、キャッシュで一括購入することが多い 150
02 とにかく意思決定がスピーディ、イエス・ノーが明確 156
03 いわゆる問題物件でも、日本人ほどネガティブに考えない 163
04 一度取引関係ができれば、中国人ネットワークを利用できる 175

第6章 外国人との取引手続きの概要と交渉する際の注意事項

01 基本知識編～最も重要なのは住所確認～ 184

02 準備編～まず物件情報を登録する～ 203
03 営業編～値引き要求にどう対応するか～ 208
04 契約編～手付金の習慣がないことも～ 213
05 入金&登記編～日銀への報告も忘れないように～ 219
06 外国人との不動産取引における注意事項 226
07 中国人との交渉時の注意事項～事前準備は周到に行う～ 229

第7章

信頼できる業者の選び方

01 信頼できる業者の探し方、見分け方～海外との取引実績をチェック～ 236
02 不動産会社の活用方法～専門家に任せるべきところは任せる～ 240
03 スムーズに不動産売買を成功させる秘訣～ビジネスは〝人対人〟～ 245

おわりに 250

編集協力／山中勇樹
装丁／小松学（ＺＵＧＡ）
本文デザイン／飯富杏奈（Dogs Inc.）
本文ＤＴＰ＆図表作成／横内俊彦

第1章

ますます高まる東京圏の不動産の魅力

この本のスタートである第1章では、まず海外投資家にとって、日本の不動産市場、とりわけ首都である東京圏がなぜ魅力的に見えるのか、その理由を分析します。日本人でも意外と自覚していない東京の魅力とポテンシャルを再確認することは、これから海外投資家と取引する上でとても重要なことです。

01

２０２０年オリンピック開催、ますます魅力的となる東京

オリンピック開催によって東京に注がれる巨大投資

２０１３年9月にブエノスアイレスで行われた国際オリンピック委員会（ＩＯＣ）総会にて、２０２０年の夏季オリンピック開催地として、東京が選ばれました。１９６４年の東京大会以来約50年ぶり、２回目の開催ということで、バブル崩壊後の長期停滞・閉塞感に苦しんでいた日本にとって、久々に明るいニュースとなりました。

その後、現在に至るまで、建設費の高騰による競技場デザインのやり直し、盗作疑惑によるエンブレムデザイン選考のやり直し、不祥事による都知事の相次ぐ交代、一部競技の会場確保など、様々な問題が連日のようにメディアをにぎわせ、本当に無事開催できるの

かが取り沙汰されていることはみなさんもご存知のとおりです。しかし、このオリンピック開催が経済界を中心に各方面から期待されていることも事実で、もちろん不動産業界も例外ではありません。

東京オリンピックによる経済波及効果は、日本銀行の試算によると、２０１４年から２０２０年にかけて25兆円から30兆円に上るとされています。オリンピック関連の建設投資だけでも、競技場建設やインフラ整備などを含め、２０２０年までに10兆円となります。

この巨額投資は主な競技会場となる東京の湾岸エリアに注がれ、再開発が期待されています。現在の湾岸エリアは、豊洲など一部地域を除き、住宅街というよりもまだまだ工場跡地の印象が強いですが、今後は横浜のみなとみらい地区のように近代的な建物が立ち並び、計画的に区画整備された近未来都市として住みやすい街区が形成されることでしょう。

したがって、今後、湾岸エリアの不動産価格は値上がりが予測されます。そして、価格上昇の恩恵を最も受けるのは、湾岸エリアだけではありません。都心５区をはじめ都心中央部の価格上昇も間違いありません。

オリンピック開催後も大規模投資により、東京はますます魅力的に

メディア等では、オリンピック開催を歓迎しつつも、その経済効果を〝一時的なもの〟として冷静に見る向きもあります。

確かにオリンピックに過度な期待を寄せるのは禁物です。現在の日本は少子高齢化や消費の成熟化が進み、大規模な国家イベント開催による経済効果は高度経済成長期だった50年前と比べれば限定的かもしれません。

しかし、オリンピック以外にも未来の日本を大きく変えるであろう公共投資は計画されています。それは、自民党政権の推進する国家強靭化基本計画です。

この計画は長期にわたり、老朽化の進んだ首都高速道路や新幹線などを、耐震や防災の観点からリニューアルすることが予定されています。首都高速道路の大規模改修だけでも6700億円に上り、JR東海の2016年度の設備投資は東海道新幹線の改修工事などに充てるため、過去最高水準の4230億円になるとされています。

さらにもう1つ期待が持てるのは、9兆円を超える巨費を投じて誕生するリニア中央新

幹線です。今から約10年後の２０２７年開業が目標とされている「東京・名古屋間」の開通は東京の品川と名古屋を約40分で結ぶというものです。２０４５年には大阪までの延伸が予定されており、実現すれば東京と大阪は１時間余りで結ばれるとされています。

さらに、１９６０年代に建築されたビルの建て替えが今急ピッチで進められており、新しい超高層ビルがオフィス用、レジデンス用として次々に生まれています。ビジネスのある所に人は集まり、人の集まる所にはビジネスが生まれます。相乗的好循環となっているのが、現在の東京なのです。

このように、オリンピック開催とそれに伴う大規模公共投資によって、東京は大きく生まれ変わり、不動産市場が活性化するのは明白だと言えるでしょう。東京オリンピックが終了した後も、日本経済の発展に終わりはありません。

POINT

- **２０２０年東京オリンピックを控え、東京には巨額の投資がなされ、不動産価格の上昇が予想される。**
- **オリンピック後も東京には多額の公共投資が予定されており、都市としての魅力向上により、不動産市場の活性化が期待される。**

02

知っていますか？ 東京がもともと持っている魅力とポテンシャル

海外投資家が注目する東京のポテンシャル

２０２０年オリンピック開催がもたらすであろう東京の不動産価格上昇を海外投資家がビジネスチャンスとして注目しているのは間違いありません。しかし、オリンピック開催は、実は不動産投資における東京の魅力のうち、表層的なものでしかありません。オリンピック以前に、日本は信頼のおける不動産市場であり、東京はもともと高い都市としてのポテンシャルを持っているのです。

海外の富裕層や機関投資家たちが、日本への投資に高い関心を寄せる主な理由として、以下のようなものが挙げられます。

①日本の国情・政治経済体制の安定性は世界トップレベルである
②日本では、不動産を、誰でも完全所有することができる
③日本では、不動産の所有権は恒久的に保障されている
④日本では、不動産取引マーケットが安全で信頼性が高い
⑤日本では、不動産流通マーケットが高度に整備されている
⑥日本では、不動産の管理・維持体制が高度に整備されている
⑦日本は、世界第３位のＧＤＰを誇る経済先進国である
⑧東京は、都市としての完成度が世界トップレベルである
⑨東京は、都市としての魅力（住みやすさ）がトップレベルである
⑩日本の不動産は、世界的に割安なため、売却益（キャピタルゲイン）を狙える
⑪日本の不動産は、世界的に高利回りであるため、運用益（インカムゲイン）を狙える

読者のみなさんからすれば、「当たり前じゃないか」と思われる項目があるかもしれません。しかし、日本に住む私たちにとっては〝当たり前〟のことが、海外の人々にとっては決して当たり前のことではなく、むしろ大きな〝魅力〟に映ることもあるのです。

以下、詳しく解説していきます。

日本は、カントリーリスクが低い

まず「①日本の国情・政治経済体制の安定性は世界トップレベルである」について見ていきましょう。

「日本は世界で一番安全な国」とよく言われます。最近でこそ、物騒な犯罪も増えていますが、それでも幸いなことに無辜《むこ》の市民に害を与える自爆テロや銃撃事件などとは無縁です。時に「平和ボケ」と揶揄《やゆ》されることもありますが、そのくらい安全であるというのが、海外の投資家から見て大きな魅力となっています。

ところで、昔から、資産の三分法というものがあります。

「すべての卵を1つの籠に盛るな」という諺が示すように、全財産を最低3つの資産に分けるべきであるという考え方です。

具体的には、資産の三分法とは、①現預金、②有価証券、③不動産と言われています。

これを不動産投資に当てはめると、①キャピタルゲイン（売却益）狙い、②インカムゲイン（運用益）狙い、③資産の保全となります。

要するに、海外投資家は、この三分法に従って、条件が良い国へ投資するのです。資産の保全を求める場合、カントリーリスクの最も低い国を投資対象国とします。日本のような国情・政治経済体制の安定している先進国が最も適しているわけです。

日本では、不動産を個人で所有することができる

たとえば、「③日本では、不動産の所有権は恒久的に保障されている」というのは、中国人にとって非常に大きなメリットとなります。

社会主義国家である中国では、法人も個人も土地を所有することはできません。売買できるのは、不動産の長期使用権のみです。１９９０年5月、「国有地使用権払下げと譲渡に関する暫定条例」により、民間への土地リース権転売が開始されました。居住用地は70年、工業用地は50年となっています。そして、期限が到来したとき、更新の許可が得られなかった場合には、土地、建物、付属物は無償で国が取得することになります。

このような体制下で暮らす中国人にとって、個人でも所有して子孫に残すことができる

日本の不動産は大きな魅力を持っているのです。

日本では、外国人でも不動産取引を自由にできる

次に「②日本では、不動産を、誰でも完全所有することができる」はどうでしょうか。

日本では、外国人であっても、日本人と同様に、不動産を取得・保有・売却することが、一切の制限なくできます。

これは不動産を取得する外国人が、日本に非居住・不在であっても、あるいはビザを保有していなくても問題ありません。制約があるとしたら、外国人が日本の不動産を取得する際、日本の銀行から融資を受けようとする場合に、若干の不便がある程度です。

これも意識していなければなかなかわからないことですが、海外の、特にハイリスクを求めることができる発展途上国では、当該国政府の意向によって外国人の不動産取得に対して様々な制限が課せられます。

たとえば、取得に関する制限として、建物を購入すれば所有権を持てるが土地は買えない、土地は政府所有であって何年という期間で建物所有者が借りるといったものです。具

体的には、マレーシアでは日本円で2500万円以上の物件しか買えませんし、ミャンマーやインドネシア、香港、中国本土では外国人は土地を取得することができません。

また、発展途上国においては顕著なことですが、その時々の政治経済事情の下、政策的に様々な規制が突然行われることもあります。発展途上国への不動産投資は、ハイリターンを望める一方で、こうしたカントリーリスクも内在するのです。

海外の投資家にとって、外国人でも自由に売買できる日本の不動産市場は安心して投資できる対象ということです。

日本では、不動産取引ルールと流通マーケットの整備が確立している

次に、「④日本では、不動産取引マーケットが安全で信頼性が高い」「⑤日本では、不動産流通マーケットが高度に整備されている」はどうでしょうか。

海外投資家が日本に不動産投資する大きな魅力の1つは、不動産取引ルールと流通マーケットが高度に整備されていることです。

たとえば、「レインズ」とよばれる不動産流通標準情報システムが普及したことにより、

会員登録をしている全国の不動産業者は、オンライン上に掲載された物件についてリアルタイムに情報交換することができます。こうした情報が幅広く共有されているため、買主は適正な市場価格で物件を購入できることになります。

このように、日本では流通マーケットが成熟しているため、不動産投資の3つのプロセスである、「取得（入口）→保有（中間）→売却（出口）」という一連のプロセスをいつでも安心して行うことができます。

外国人投資家にとって、売り手も買い手も取引しやすい日本の不動産マーケットは安心というわけです。

日本では、物件の管理運営がしっかりできている

次に「⑥日本では、不動産の管理・維持体制が高度に整備されている」のも海外投資家にとって大きな魅力です。

物件のオーナーにとって、不動産投資の保有期間において、物件管理が悪くて価値を落とすようなことは絶対に避けたいものです。

マンションやオフィスビルといった建物や土地そのものを管理することは、不動産のハード面の管理となります。具体的には、建物の美観・衛生管理・設備の保守管理・修繕計画の作成・原状回復やリフォーム工事といったものです。日本では建物のハード面の管理について、居住系の場合はマンション管理、オフィス系の場合はビルメンテナンスなどと呼ばれています。

この物件の管理運営において、日本のノウハウは世界的にもトップレベルにあり、ASEAN諸国がノウハウの導入を試みているほどです。

東京の都市力は世界一！

次に「⑦日本は、世界第3位のGDPを誇る経済先進国である」「⑧東京は、都市としての完成度が世界トップレベルである」について見ていきましょう。

2014年に国連が発表した「世界都市化予測レポート」によると、世界の都市別人口ランキングにおいて、東京圏は約3800万人という巨大な人口を有しています。これは断トツの世界第1位です。

東京圏に人口が多い理由として、まずインフラの充実が挙げられます。上下水道、ガス、電気、交通網などがこれほど広範囲にわたって整備されている都市は世界中どこを見ても東京だけであると言っても決して過言ではありません。

もちろん世界には東京以外にも様々な大都市がありますが、その多くは中心部を少し離れると一気に郊外の風景が広がり、都心部自体の面積は非常に限られています。その一方、東京圏はどこまでも住宅地が続いています。

また、ビジネス拠点という点から見ても、米経済誌フォーチュンが毎年選出する「フォーチュン500」と呼ばれるトップ企業が本社を置く大都市として、東京は世界トップレベルの集積度を誇っています。現在の日本のGDP500兆円のうち、東京エリアだけで140兆円ものGDPが生み出されています。それだけ富が集中して現在も新たな人口流入が起こっているので、周辺に豊かな住宅需要が生まれるというわけです。

世界各国の主要都市の中で、諸外国の投資家が東京に期待を寄せている現状が、容易にご理解いただけると思います。

日本は世界一快適な国！

次に「⑨東京は、都市としての魅力（住みやすさ）がトップレベルである」はどうでしょうか。

財団法人森記念財団のレポートによると、東京の世界的ブランド力として、心地よい安全な街、おいしくて健康的な食文化、ユニークでこだわりの文化・流行、豊かな四季が作り出す歴史と伝統、過去と最先端が共生する街という5つの魅力が挙げられています。

また、ロンドン発のグローバル情報誌「MONOCLE」が毎年発表している「世界で最も住みやすい都市ランキング２０１６」で、東京は2年連続で世界第1位となりました（図表1）。

東京は、世界有数の大都市であり、また日本の首都として、水の安全、空気の安全、交通の安全、治安の良さ、医療の安全という魅力を持っています。

そして、安倍首相は、世界に向けて「ジャパンブランド」を発信し、「日本の美しい姿を世界中の人たちに直接観ていただきたい」と日本の観光立国化を提言しています。

図表1 「世界で最も住みやすい都市ランキング」

第1位	東京(日本)
第2位	ベルリン(ドイツ)
第3位	ウィーン(オーストリア)
第4位	コペンハーゲン(デンマーク)
第5位	ミュンヘン(ドイツ)
第6位	メルボルン(オーストラリア)
第7位	福岡(日本)
第8位	シドニー(オーストラリア)
第9位	京都(日本)
第10位	ストックホルム(スウェーデン)

(出所)「MONOCLE」2016年調査

つまり、観光を日本の力強い経済を取り戻すための重要な柱と位置づけ、アジアをはじめとする世界の観光需要を取り込もうとしているわけです。

この方針を受けて、政府は外国人観光客をさらに誘致するため、ビザ要件の免除・緩和を行っています。

具体的には、2014年にミャンマー・インド・インドネシア・フィリピン・ベトナムに対するビザ要件を緩和し、また2016年10月には中国に対するビザ要件のさらなる緩和を実施しました。さらに2015年から海外富裕層が観光や保養目的で来日する際の長期滞在（現在90日→最長1年）を可能にしています。

このような観光立国化の進展によって訪日外国人は急増し、２０１６年は10月末の時点で、初めて２０００万人を突破しました。１０００万人を突破したのが２０１３年ですから、ここ２〜３年間でいかに訪日外国人が増えたかがわかります。すでに都内や京都などの著名観光地はホテル不足という現象が起こり、新たなホテル建設が始まっています。これもまた日本の不動産市場が注目される理由の１つとなっています。

以上ご説明したように、理想的な不動産投資の対象地として、東京はほぼすべての要素を満たしていることから、世界の富裕層の投資を引きつけているのです。

Ｊ－ＲＥＩＴの価格は２００５年から２００７年に急騰し、大量のお金が流れ込んだ金融市場は活況を呈しましたが、そのときの投資家の多くは外国人投資家でした。これは、日本、特に東京の不動産に世界的な注目が集まっていることの証しです。

２０１３年から日本の不動産市場も回復していますが、その裏には、同様に外国人投資家の存在があるのです。

オーナーや不動産投資家にとって最も関心の高い「⑩日本の不動産は、世界的に高利回りであるため、売却益（キャピタルゲイン）を狙える」「⑪日本の不動産は、世界的に高利回りな運用益（インカムゲイン）を狙える」については、次項で解説します。

POINT

- 東京はもともと都市として高いポテンシャルを持っており、それが海外投資家からの評価が高い根拠となっている。
- 不動産投資先として見た場合の東京の安定した投資環境は、世界的に見ても傑出したものである。

03
少子高齢化が進む日本でも東京の不動産投資が有望な理由

少子高齢化でも東京の人口は減らない

不動産投資の将来性にネガティブなスタンスをとる人の中には、その理由として日本の人口減少による不動産価格の相対的な下落を挙げる人がいます。しかし、仮にその論理で行くのであれば、東京圏は今後も人口が増え続けるため、不動産価格や賃貸・売買に悪影響が出ることは考えられません。

確かに少子高齢化により日本全体で人口減少が進んでいるのは事実です。2060年に日本の人口は現在の3分の2程度になると予測されています。しかし、それは日本全体を平均的に見た数字であり、同じ日本国内でも、これから人口減少が進む地域もあれば、逆

に人口が増加していく地域もあります。

東京は後者です。東京都の人口は、ここ数年間、全国47都道府県の中で全国シェアの11％を占めてトップを維持しており、東京一極集中の状況に変わりはありません。そして、これから2035年までの東京23区内の人口減はわずか2％のみと予想されています。

今後も東京へ人口が流入するであろう最大の理由は、①有効求人倍率、②年間賃金の高い数値にあります。つまり、働く職場があり、そして、そこで働けば地方都市よりも賃金が高くなるからです。

政府も「コンパクト・シティ構想」を掲げており、都市部の人口はわずか数％しか減らないうえに、その減少分は郊外から都市部に移動させ、都市中心部の人口密度が下がらないような政策を採っています。仮に東京で一時的に人口が減少したとしても、その結果として賃料が安くなることで、地方から東京に人口流入が進むことになるでしょう。

東京圏は、交通インフラ、商業施設、医療機関、そして何よりも3800万人を擁する大都市であり、日本の政治・経済の中枢であり、GDPの3割、金融の5割、人材の6割を占めていると言われています。このような東京への人口集中は今後も変わらないでしょう。

東京圏の空室リスクは低い

不動産投資家やオーナーにとって、空室リスクは何よりも恐れるものです。

そして、東京での不動産投資は、物件の立地条件が良ければ、空室リスクを回避することが十分可能です。

東京には、「３Ａ１Ｒ」と呼ばれる、立地がとりわけ良いエリアがあります。３Ａとは、青山、赤坂、麻布、１Ｒとは六本木を指します。これら最上級のエリアは、賃料がその時々の経済情勢で変動することがあっても、空室になることはありません。

その次に、「花の３区ＣＣＭ」と呼ばれる地域があります。千代田区、中央区、港区の３エリアのことです。このエリアは東京の政治・経済の中心地です。

さらに広げると、「都心７区」と呼ばれる地域があります。千代田区、中央区、港区に、渋谷区、新宿区、目黒区、文京区を加えたエリアです。オフィスと住居、両方を兼ね備えた地域です。

一方、東京近郊の物件は、都心から首都圏へと広がるベッドタウンとして都心への通勤客を取り込むことが容易です。

東京での賃貸物件の探し方は、池袋、新宿、渋谷などのターミナル駅から部屋を探し始め、家賃に応じて急行電車の止まる沿線の駅近、あるいはもう少し先の各停しか止まらない駅に住むことになります。

つまり、都心の賃貸マンションから入居者が集まっていき、郊外の住居は都心に入りきらなくなった人を吸収するというピラミッド型構造になっているのです。

東京はあまりに高密度すぎるため、このような特殊な賃貸市場が形成されているわけですが、この市場としての厚みが不動産投資においては有利になるわけです。

日本はこれからインフレになり、不動産価格は上昇する

バブル崩壊後、「失われた20年」と呼ばれる長い不況の中で、日本はデフレ経済に突入し脱却できていません。

しかし、人口減少社会では、物価は本来上昇するもの、つまり、インフレになるのが経済学的にはセオリーなのです。それは高齢化による労働人口の減少によって、供給が抑制

されるからです。実際、経済統計が整備されている17カ国の人口減少国において、日本以外はすべてインフレになっています。では、なぜ日本ではインフレになっていないのでしょうか。

人口減少社会に入った日本において物価が上がらなかった理由は、高齢者（シニア）が生産人口に回ったことによって、若年層の生産人口減少を補い、供給が抑制されなかったからです。統計を見ても、２０００年以降、日本では15歳から64歳までの生産年齢人口が８００万人も減少している一方、実際の就業人口は１００万人ほどしか動きがありませんでした。

しかし、今後は日本においても、少子高齢化と人口減少が本格的に進んでいくため、構造的なインフレの到来が予測されます。

インフレ経済では、リアルアセットである不動産の価格がお金に対して相対的に上昇し、不動産市場が活況になることを意味します。

価格変動のリスクが低く、過去の値動きをなぞるように少しずつ価格が動くという不動産の特徴を考えると、人口減少によるインフレが予測される日本では、不動産投資は資産形成として有効であると言えるでしょう。海外投資家は、このような日本の不動産市場に強い関心を持っているのです。

２０１２年以降、都心の不動産へ資金が流れた理由は、いくつか考えられます。欧州危機や米国サブプライム危機の後片づけに時間がかかり、証券市場で金融商品を積極的に買い進めるモチベーションが足りなかったこと、日本の不動産マーケットは混乱する欧米のマーケットから遠い場所にあったこと、そして投資家が金を持て余していたことなどが重なり、東京の不動産に注目が集まったのではないかと思われます。

世界的に見ても高い日本の不動産の利回り

現状、東京都心部の不動産価格は高騰し、普通のサラリーマンにはなかなか手が出ないような水準になっています。このような状況を見て、「バブルの再来で、いずれははじけるのではないか」と思う人もいるでしょう。

しかし、東京だけを見るのではなく、海外の主要都市の状況をみれば、そのようなことがないと言えます。

実際、東京の不動産の利回りは、先進国の中で最高レベルにあります。その理由は、賃料に比べて物件の価格が割安であるため、高利回りとなっているからです。

その意味では、逆に利回りが高くても、政治経済やその他の面で様々な不安要素のある発展途上国での不動産投資の方がリスクは大きいと言えるでしょう。

「グローバル・プロパティ・ガイド」が実施した世界各国の住宅不動産の調査（２０１５年12月時点）によると、先進国の中で唯一、高利回りで購入できるのが日本の不動産です。

世界各国の利回りは、台湾の１％台半ばが最も低く、香港、シンガポールは２％台後半となっています。欧米先進国も２～３％台後半の低い利回りとなっている一方で、日本は５％以上と高い利回りを誇っています（図表２）。

これは世界の不動産投資家たちが、現在の日本の不動産が非常に割安であると評価する確かな証拠となっています。とりわけ台湾、香港、シンガポールなど中華圏の投資家は、自国の不動産利回りの低さに見切りをつけ、圧倒的に有利な日本の不動産に強い興味を持っています。

実際、本書の「はじめに」に書いたとおり、台湾で日本不動産のセミナーを開催すると、定員を超える熱心な投資家たちが押し寄せ、立ち見が出るほどの盛況ぶりです。これが世界から見た今の日本の不動産市場なのです。

図表2　世界各国の不動産利回り

国名	平均表面利回り
日本	5.02%
シンガポール	2.82%
香港	2.82%
イギリス	3.21%
ロシア	3.22%
スイス	3.81%
アメリカ	3.91%
フランス	2.89%

（出所）「GLOBAL PROPERTY GUIDE」2015年12月時点のデータ

図表3　高級住宅におけるマンション価格の各都市比較

※東京・麻布を100とした場合

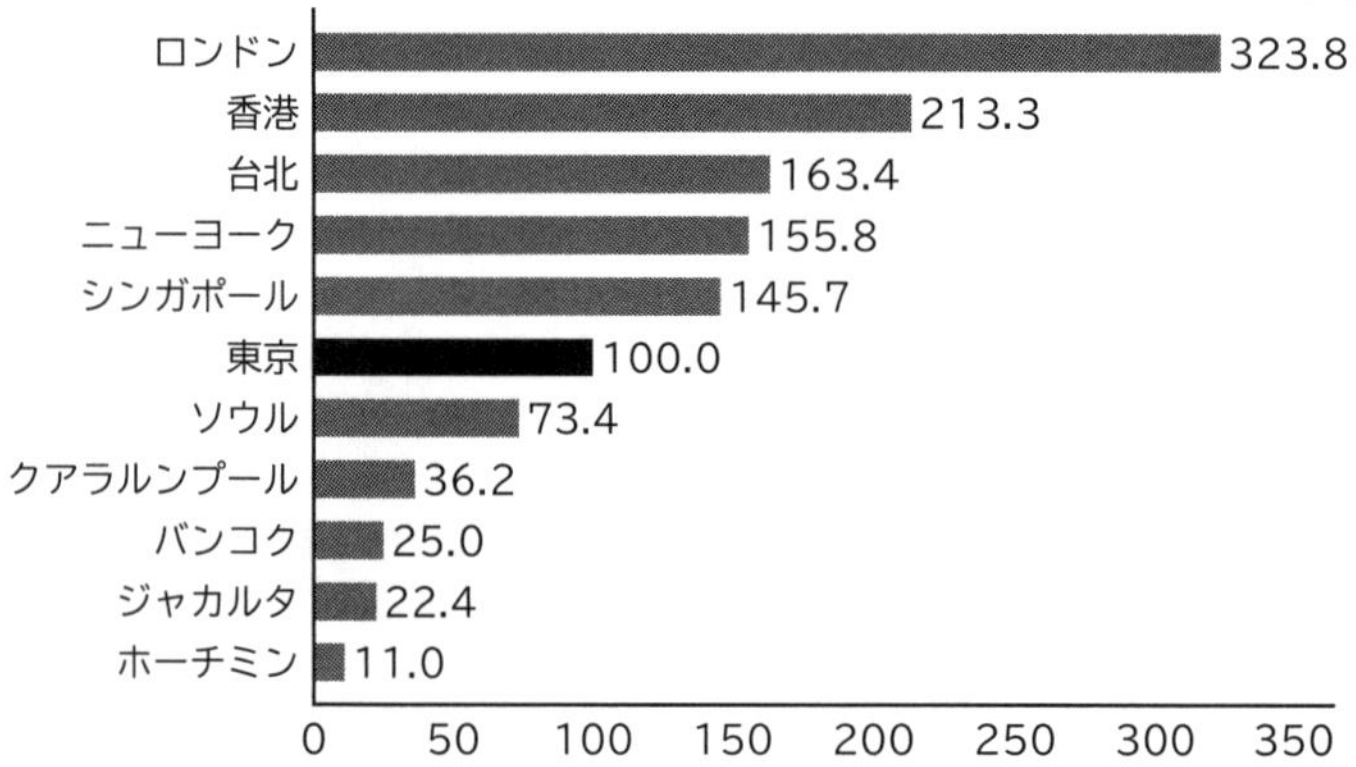

（出所）日本不動産研究所

我々日本人は、現在の日本の不動産市場に過熱感すら抱いていますが、海外の投資家にとっては依然として割安でお買い得というわけです。

収益不動産についても、東京は世界の主要都市より利回りが割安であることに加え、マンションの価格も割安なのです。

一般財団法人日本不動産研究所の調査（２０１４年10月時点）によると、東京のマンション価格は、ロンドンの３分の１以下、ニューヨークの３分の２以下、さらに香港、台湾、シンガポールと比べても２分の１から３分の２程度です（図表３）。

リーマン・ショック後は、欧米人よりも、急伸するアジア先進国の投資家が東京への不動産投資を拡大しています。

彼らは、当初は森林やコンビニエンスストアを買い進めていましたが、ここ数年は都心の高層タワーマンションや一棟マンションが人気となっています。

東京の不動産は、近年日本の不動産投資マーケットが確立し、リーマン・ショックの余波で世界的にも東京の不動産価格が割安になったことを背景にして、そうしたアジアの投資家による積極的な投資を惹きつけています。

そして、２０２０年東京オリンピックの開催で、この外資流入の流れはますます加速することでしょう。

日本の建築技術に対する高い信頼

東京の不動産市場の停滞は、２０１１年3月の東日本大震災から半年でほぼ終わり、その後は着実に価格上昇を続けています。

サブプライム危機や震災が発生しても、東京の地価や賃貸市場に影響が少なかったため、結果として、世界的な経済情勢の混乱や大災害に直面しても、日本の不動産価格の安定性や建築水準が高いという事実が浮き彫りとなりました。海外投資家が、こうした日本の不動産市場に高い投資意欲を持つのは当然と言えるでしょう。

実際、リーマン・ショック後においては、海外投資家は東京都心部しか買わなくなっています。

アベノミクスによる金融緩和も追い風

不動産価格は、人口動態、ＧＤＰや賃貸需要など実需的な指標に連動しているわけではありません。

その証拠に、不動産価格が急騰した１９８０年代のバブル経済期、２０００年のＩＴバブル期、２００７年のファンドバブル期、いずれのタイミングでも人口は増えておらず、ＧＤＰや賃貸需要も、物件価格の急上昇を説明できるほど増えていません。

では、不動産価格に影響を与えるのは何かというと、それは世界経済全体の動き（アメリカの雇用統計など様々なデータに表出されるマクロ経済）と金融機関の融資姿勢の２つと言われています。

アベノミクスの金融政策は、国策として融資を増やすことを掲げています。金融機関は日銀から低利でお金を仕入れ、その資金の多くは不動産融資向け資金として利用されると考えることができます。

現在日本ではサラリーマンの間に不動産投資ブームが吹き荒れています。元手が高額なため、もともと金持ちの道楽と言われていた不動産投資にサラリーマンが参加できるのは、この金融緩和の動きがあるからです。

POINT

- **日本全体としては、人口減少化が進んでいるが、東京の人口はむしろ増えており、不動産価格の上昇が期待できる。**
- **東京の不動産利回りは世界的にも高く、それが海外投資家のマネーを引き寄せている。**

第2章

なぜ中国人が日本の不動産に殺到するのか

今、中国人投資家が日本の不動産に殺到しています。その背景にあるのは、2020年に東京オリンピック開催を控えている日本の不動産事情だけでなく、中国人特有の不動産投資に対する高い感度があるからです。

では、なぜ中国人は日本の不動産に注目しているのでしょうか。その理由を見ていきましょう。

01 巨大な経済大国となった中国、巨大な購買力を持つ中国の中間層

中国抜きに世界経済は語れない時代に

４大文明の１つ、黄河文明の発祥地として三千年とも四千年とも言われる悠久の歴史を誇る中国ですが、現在の中華人民共和国は第二次世界大戦後の１９４９年に建国され、約70年にわたり中国共産党による事実上の一党支配下にあります。１９８０年代に改革開放政策に転じ、２００１年12月にＷＴＯ（世界貿易機関）に加盟し、正式に国際経済の一員となりました。

中国を語る上で欠かせないのが、「世界一の人口大国」であるという点です。２０１５年時点で世界総人口約72億６３３１万人のうち、中国人は約５分の１に当たる約13億７３４

9万人を占めています。世界人口のうち、5人に1人が中国人であるというわけです。

21世紀に入って世界経済全体が伸び悩む中で、中国は毎年2ケタの経済成長を持続し、2008年にアメリカで発生した未曾有の金融危機リーマン・ショックのときも、年率8～9%の成長を維持して、今や名実ともに世界景気を牽引する存在となっています。

勢いに乗る中国は、2003年に宇宙開発の分野で初の友人宇宙飛行船・神舟5号の打ち上げを成功させ、2008年には北京オリンピック、2010年には上海万博と、立て続けに大型国家行事を成功させせました。

中国のGDP総額は、2008年にドイツを抜いて世界第3位、2010年には日本を追い越してアメリカに次ぐ世界第2位となりました。現在の中国の名目GDPは11兆1815億ドルにものぼり、これは日本のGDP4兆1242億ドルの約3倍となり、アメリカの18兆366億ドルの6割以上に相当するものです。また、国際通貨基金（IMF）の試算によると、物価水準を考慮した購買力平価（PPP）ベースで計算した場合、2015年の中国のGDP規模は19兆6957億ドルと、日本の4兆8432億ドルの4倍以上、アメリカの18兆366億ドルをすでに上回っています。2013年に輸出入貿易高でアメリカを抜いて世界第1位となり、現在は外貨準備高も他国を大きく引き離して世界第1位にランキングされています。

従来は「世界の工場」として、加工貿易や労働集約型製造業の集積地というイメージが強かった中国ですが、北京オリンピック以降は、国民所得・購買力の向上、ライフスタイルの変化、物流網の整備などに伴い、13億人の巨大人口を擁する「世界の市場」としての存在感を強めています。また、製造業もアパレルや家電などから、最近は自動車や半導体、スマートフォンなど高度化が進んでいます。巨大人口と高度経済成長を背景に、工場と市場を併せ持つという他の途上国にはない強みを持つ中国を抜きにして、世界経済は語れない時代となっています。

今後、中国経済は下振れを起こしながらも成長を続け、消費市場としての成長性から見ても、また多くの専門機関の経済見通しからも、現在の習近平政権が交代する2023～25年の間に、経済力でアメリカを追い越すとされています。

経済成長が生んだ富裕層と中間層

このような中国自体の経済的発展は、必然的に中国人一人ひとりの経済力向上をもたらしています。もちろん世界第2位のGDPといっても、人口が13億人もいるため、一人あたりGDPは世界第76位にすぎません。しかし、発展の地域格差に加え、特権階級の存在、賄賂の横行、学歴社会、インターネットや携帯電話の急激な普及、もともと投資好きな国民性など、様々な要因が絡んで、社会主義というイメージからは大きく逸脱した大きな所得格差が生まれています。その結果、日本の富裕層をも凌ぐ資産家がいる反面、内陸の農村部では年収数万円しかもらえない人々が同じ国に住むという状況になっています。

たとえば、アメリカのビジネス誌「フォーブス」が毎年発表する世界長者番付2016年版によると、1100億円以上の資産を持つ大富豪として全世界で1800人強がランキングされていますが、このうち中国は251人を占め、数ではアメリカに次ぐ世界第2位となっています。

また、現在の中国では、約2億円の資産を持つのが富裕層であると見なされていますが、その人口は361万3000人に及び、なんと日本の3倍強に達しています。

そして、中国が日本を含む先進国の高級消費財の市場として注目される背景の1つに、車やマンションを買える中産階級の急増があります。

昨今、中国の中産階級は中国の人口の1割を超える1億5000万人～2億人に達し、

15年または20年後には5億人に増大する見込みです。この中間層が中国の消費社会の主役に躍り出て、今後ますます増加すると見込まれます。

富裕層による不動産投資

中国人投資家の中には富裕層もいればそうでない中間層の人たちも多くいます。彼らの日本への投資熱は、様々な理由から急速に高まっています。

いま外国人投資家に人気があるのは、湾岸地域や港区のブランドエリアです。2020年の東京オリンピックの会場に近いこともあり、湾岸エリアの人気は高まるばかりです。赤坂や六本木などのエリアは、販売価格が1億円を超えるものも多い地域です。中国の富裕層は、こうした高額地域の物件を〝爆買い〟していきます。富裕層の投資家にまつわるこんなエピソードがありました。

「港区のタワーマンションを買いたい」

そう言われて、ある不動産仲介会社の社長はマンションの一室をイメージしました。しかし、それは投資家の考えとは違っていました。投資家の考えとは、「港区の土地を購入したうえで、タワーマンションを建てる」ということだったのです。「マンションの規模は１００戸程度で、自分が日本に来るときに宿泊できる部屋も確保してほしい」との注文つきです。準備している資金はなんとキャッシュで97億円。地価や建築費用の高騰から、「その金額では受けられない」とこの話は丁重にお断りしたということでしたが、中国人投資家の底知れぬパワーを感じるエピソードです。

また、中国人の投資先は、都心部だけにとどまりません。都心からアクセスの良い路線沿線にも少しずつ進出してきています。郊外の物件を狙うときには、マンションだけでなく、分譲住宅や一戸建てを購入するケースが多くなっています。安定した利回りを期待し、中古のワンルームも投資対象になります。豊富な資金を手に都内の物件を大胆に買い漁っていく印象が強い彼らですが、その一方で、物件を慎重に見極める目も持っています。自分の目で物件を見るために数千万円分の札束を持参することもあります。この傾向はオリンピックを控える東京だけではなく、京都や札幌、沖縄など観光・リゾート地でも頻繁に繰り広げられています。

これは日本にとってはデフレ脱却にあたって悪いことではありません。下落する地価を上昇させることは、少なからず景気を上向かせることにもなるでしょう。しかし、訪問したそばから値切り始めるなど、彼らの激しい購買活動により、これまでのビジネスにおける慣習が崩れてしまいそうだという声も聞かれます。本章で後述する投資移民が日本に住んだ際に社会になじめるかどうかという点も含めて今後の課題になりつつあります

中間層の実態

中国人の富裕層の実態については今見てきたとおりですが、今後、物件を見たり、購入に意欲を燃やしたりするのは富裕層よりももっと人口の多い「中間層」と呼ばれる人々です。この層は今後日本の不動産業界において、大きな影響を与える存在と言えそうです。

スイスの金融グループ・クレディ・スイスの調査によると、2015年時点において、中国の中間層は約1億9000万人に上り、世界最大規模となりました。アメリカの成長速度を超えるスピードで成長しているようです。ここで定義されている中間層とは、「資産が5万ドル（590万円）から50万ドル（5900万円）」にある層を言っています。

この資産規模を持つ人数が近いうちに日本の総人口に匹敵する数になる、ということです。また、同調査で中国国内の億万長者の数が、2020年までに230万人に達すると

の見通しも発表されました。中国人の成人の資産額は２０００年以降一人当たり約４倍に増加しており、現在世界の総人口の５分の１が中国人ということもあり、日本経済はもちろん、世界経済に与える影響は計り知れないものとなっています。

　では中間層である彼らは、どのようにお金を手に入れているのでしょうか。中国の都市部の平均年収は６万数千元（日本円で１００万円程度）と言われていますが、彼らの消費・投資行動には明らかにそれ以上の資金力を感じます。

　その一つの答えとなりそうなのが「中国人は投資好き」という側面です。中国人の庶民がよく使う手段として「理財商品」があります。個人向けの金融商品で、銀行より利回りが良く6~10％とも言われます。これを１年間保持して得た利息と元本を２年目に再投資することにより、複利を得ます。この方式でどんどん資産額が増えていくことになります。お金を貯めることでなく、増やすことに庶民の意識が向いている証拠でもあります。

　その他にも、たとえば２０１０年に行われた上海万博のための再開発により立ち退きを余儀なくされた人たちは、その家に親族など大人数が住んでいたことにして、多額の立ち退き料を得たという話もあります。中間層の人たちはこうして様々な形で〝錬金術〟を使い、資金を増やしているのです。

現在、中国の都市部では、住宅（マンション）の供給が旺盛な需要に追いつかず、マンション価格が上昇の一途をたどっています。

このような状況を見て、多くの日本のメディアは、中国で不動産バブルが弾け、建設途中のマンションが放置されてゴーストタウン化していると報道しています。実際は、内陸部の田舎町のレアケースであり、共産党の地方幹部が各都市の建設ブームを視察した後にマンション建設の号令をかけて進めた役所仕事が失敗したにすぎません。

中国の都市部では住宅の値段は上がり続けています。二級都市にすぎない安徽省の省都である合肥においても、2016年8月時点で100平米のマンションの平均販売価格は4600万円を超え、前月比で40％以上も上昇しています。

合肥は、中国政府の直轄市である北京、上海、重慶、天津よりも下位である一級都市の深圳、成都、大連よりも、さらに下位に位置する二級都市です。一級都市の100平米のマンションの平均販売価格は7000万円を超えており、すでに日本の大都市と同等かそれ以上となっています。

POINT

- 世界第2位となった中国経済は、調整局面を迎えながらも、現在もなお成長している。
- 中国経済の発展が生み出した富裕層に加え、新たに生まれた中間層が消費の主役となりつつある。

02 「もっと豊かになりたい！」、中国人の飽くなき欲望

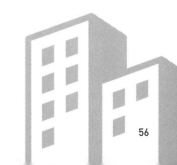

中国人はもともと投資好き

日本人は貯蓄好きで一人当たり1000万円以上の預貯金を持っていると言われています。しかし、その貯蓄を運用することに関してはあまり得意ではなく、お金がある程度貯まっても、たとえ金利がゼロでも預金するのが一般的です。銀行や郵便局にはよく行く人も、証券会社に行く回数はかなり少ないと思います。

中国人も貯蓄好きという点では日本人と似ていますが、日本人と違うのは、お金を貯めたらできるだけ投資に回そうとする点です。数万円から数十万円程度のお金でも、銀行の定期預金より金利が高い金融商品を購入するのです。そこそこまとまったお金が貯まった

ら、今度は貴金属などの宝石類を買います。そして住宅の頭金くらいのお金が貯まったら、間違いなく家を買うのです。

このような背景として、中国の銀行の実質金利がマイナスになることが多いという理由が挙げられます。中国のインフレ率は２０１６年４月時点で１・80％なのに対し、大手商業銀行の預金金利は１年もので１・50％となっており、０・30％のマイナス。しかも、一般家庭が感じている物価上昇率は政府が公表するインフレ率と大きなギャップがあるといいます。

中国では食品関連価格の上昇が最も顕著ですが、公表されるインフレ率では食品関連価格に重点が置かれておらず、過小評価されている可能性があります。つまり、統計上の数字よりも一般家庭はインフレを感じているのです。

そのような状況下では、将来の生活よりも、今の生活がインフレによってどんな影響があるのかという心配の方が大きくなります。そこでハイリスク・ハイリターンながら自己防衛策として貯蓄よりも投資を選んでいる人が多くなっているのです。

形の見えるもので自分を誇示、見栄っ張りな側面

中国人の特性として、派手な買い物をして自分のステータスを誇示する傾向があります。中国には「美しい人に良い服装が必要、良い馬には良い鞍が不可欠」という格言があるとおり、高級ホテルというだけで商談が成立するという例もあるくらい、内面的な実力だけではだめで、目に見えるモノで示すことが必要なのが中国社会なのです。

日本人が安全性や流動性を重視するのは金融資産に対する信頼があるからですが、中国ではインフレによる金融資産の目減りを懸念するため、中国人は安全性よりも収益性を重視します。これが、中国人が貯蓄よりも投資を好む理由の1つです。

日本の物件に投資する中国人は、必ずしも「大富豪」と言われる人たちではありません。最近では30代などの比較的若い世代が投資をする傾向が強まっています。30代全体からみれば一部の人たちではありますが、彼らは民間企業に勤めていても日本の30代よりも余裕があり、投資に積極的です。

中国はいまインフレ、物価上昇の中にあります。しかし、相対的にはまだまだ生活にか

かるコストは低く、加えて共働きが主流なため、経済的にも十分に貯蓄ができる状況です。とくに上海では国営企業の払い下げ住宅を持っており、自宅以外の賃料収入を得られる世帯も数多くあります。そのような世帯がまとまったお金をつくり、投資家となっているのです。

日本に関心を持つ中国人はすでに他の海外物件に投資しているケースが多いのも特徴です。そういった投資家たちは海外投資が初めてではないため、日本の物件を一度も見ず、来日すらせずに契約することもあります。

そんな動きの中で不動産会社にも変化が出てきました。これまでは香港や台湾の投資家向けの販売を中心としてきた会社が、今では中国国内で投資商談会を行うことが増えてきています。商談会は物件についての説明やメリットを直接伝えることができるため、投資家にとっては魅力的な場となります。また投資家の温度感や予算を聞くことができ、その場で何件もの契約が決まることもあるので、不動産会社にとっても商談会はメリットの大きい機会となっています。

仲介業者の中ではネットの広がりを背景に、物件情報を中国語サイトに公開し、取引を行っているところもあります。そのようなルートで購入する投資家の多くは来日せずに契約を決めています。こうした会社が増えていけばいくほど、さらに中国人の投資額は大きくなるでしょう。

土地がついてくる日本の物件には値ごろ感がある

中国の投資家が物件を見ずに契約を決める理由には、日本が「手ごろな投資先」という認識があることも大きな要因となっています。商談会の場では、数千万円台の物件が即決で契約されることもザラです。それはなぜかというと、昨今の円安により、割安感を与えていることが理由の1つです。富裕層であれば、日本に旅行に来るときの別荘として購入する場合もあります。その場合、とくに駅近や新築といった条件はもちろんのこと、3LDKや100平米以上でないと売れないケースも出てきています。

これは北京や上海など中国国内では不動産バブルが起こり（最近は少し落ち着きを見せていますが）、価格が高騰しているからでもあります。不動産価格の異常な高騰を見てきた中国の投資家たちは、日本のマンション価格に対し、〝お手軽な投資先〟という印象を持っています。同時に、依然として不動産バブルの中にあって、価格の下落を経験していないため、日本人ほど不動産投資そのものを恐れていないという部分も大きいと感じています。

もう1つは、日本の物件の場合、物件にプラスして「土地の所有権」がついてきます。日本人にとっては当たり前のことかもしれませんが、これは実は中国では特別なことなのです。中国の場合、土地の所有には期限がつけられています。もともと中国には「土地は国家のものである」という認識があるので、住宅を購入してもその期限（70年）が切れると土地の所有権を失ってしまうのではないかという不安を常に抱いているのです。

そのため、土地の所有権が保証されている日本の物件は「お買い得」に映るわけです。

投資物件としての日本の不動産の安定性と将来性

2011年3月の東日本大震災とそれに伴う原発事故以降、中国人の日本への投資は一時少なくなりました。天災リスクがある日本の物件の価値は下がり、当時の投資熱は冷めていました。加えて、尖閣諸島問題に端を発する折からの日中関係の悪化も重なり、日本に対するイメージも悪化していたと思います。

しかしながら近年、中国人による日本への投資が再ブーム化しています。それはどうしてでしょうか。

いくつかの理由の1つとして、急増する中間所得者層の一戸建てに対する期待と憧れがあります。先述したように中国人は日本の物件を買うと土地がついてくることに非常に魅力を感じています。地震などの不測の天災に見舞われて建物が破壊されたとしても、土地は残ります。だから一戸建てを買えばある程度リスクは抑えられる。これが最大の理由であると言えます。さらに、中国国内では自宅を買うとなるとマンションなどの区分所有がほとんどで、一戸建ては大富豪くらいしか住めないグレードの高い物件となっています。

人々は一戸建ての土地所有権を得られるという期待と、「一生に一度は一戸建てを持ちたい」というあこがれを抱き、日本のお手軽な物件に惹かれているのです。そのような理由で、中国人の投資先はマンションだけでなく、一戸建て人気も高まっています。

また、先述しましたように、日本の不動産が世界的にも高い利回りと割安感をキープしていることも大きな要因となっています。

さらに「日本」という国そのもののブランドも影響しているかと思います。日本は、海外への投資などを行うとき、その国の政治経済などの環境の変化によって不動産価格が下落し、出資金などが回収できなくなる、いわゆる「カントリーリスク」が低い国となっています。国全体のＧＤＰでは中国が追い越したものの、依然世界第3位という高水準をキープ。この経済規模の大きさ、そして整ったインフラや治安の安全性などを含めて、海外投資家にとっては魅力的な条件がそろっているのが日本という国なのです。

しかし、それ以上に日本の物件が高品質であることが、投資家の心を強くつかんでいるポイントです。元来、日本の電化製品や食品は総じて質が高く、「家電を買ってすぐに壊れる」「飲食店に当たりはずれがある」といった心配はほとんどなく、外国人にも信頼されるブランドを構築しています。不動産に対する評価も同様で、厳しい基準をくぐり抜けた日本の物件が欠陥住宅である確率は極めて低く、投資家からの信頼を獲得しています。

震災後においても、日本の強固な建物づくりに支えられて不動産の価格が維持されたことに対して、投資家からの信頼性がさらに高まったことは先述したとおりです。

また、来たる２０２０年の東京オリンピックに向けた需要の増加も大きく期待されています。実際、東京オリンピックの開催が決定した２０１３年以降、東京を中心に中国人や台湾人投資家の購買が増えました。彼らは東京オリンピックまでは価格は上昇するとの見込みを立てて投資しており、少なくとも２０２０年まではこの傾向は続くものと思われます。
中国をはじめとする海外投資家には、こうした安定性や将来性を評価され、いま日本への投資ブームが起こっているのです。

POINT

- **もともと投資好きである中国人は、増えた所得を投資に回している。**
- **とりわけ土地の所有権がつく日本の不動産は、中国人にとって魅力の高い投資対象である。**

03

自国に対する不信・不安がもたらす投資移民

自国への不信と不安

　前項で述べたとおり、中国人が日本の不動産へ投資する理由として、日本における投資メリットを感じていることが挙げられます。しかし、中国人はただ闇雲にお金儲けをしたいのではありません。実は、自国に対する不信感や不安、すなわちリスクをヘッジしたいという極めて冷静な部分もあるのです。本項ではそれを解説します。

　まずは中国経済の不安定性に対する懸念です。ご存知のとおり中国では不動産バブルが起こりましたが、すでに地方都市を中心に下落が始まっているといいます。大都市圏ではまだ上昇が止まらないところもありますが、その上がり幅は徐々にゆるやかになり、いつ

崩壊するかわかりません。中国では、地域によっても上昇と下落の落差が大きく、とても安定しているとは言えない状況です。

また中国の物件には、築年数の割りに古く見える物件が少なくありません。住宅の平均寿命は30年に過ぎないと言われています。欧米では築100年を超える家も少なくないことを考えると脆さを感じます。2016年6月に、浙江省の温州市で住宅マンション4棟が突然倒壊する事故が起こるなど、中国では建物の倒壊が近年相次いでいます。これはもともと住むためではなく、「転がす（転売する）ため」に建てられているためで、十分な建築コストがかけられておらず、メンテナンスも不十分です。極端に言えば、「鉄とセメントのかたまり」にすぎません。そうなれば安心して住むこともできません。

先に述べた「使用権」の問題も立ちはだかります。物件購入者は所有権でなく、その物件の使用権を得ているだけで、その使用権は現行法では70年で満了することになっています。多くがまだ70年を経過しておらず、満了後にどうなるのかが不確定で見えない状況に置かれているため、人々は不安にさらされているのです。

もう1つは、中国の場合、政府の突然の方針転換で経済環境が大きく変わることに対する懸念です。2015年、政府の判断で人民元のレートが引き下げられ、市場に混乱を招きました。最近では２０１６年10月に、価格高騰が続く中国国内の不動産市場において突然住宅の購入を制限する規制を発表するなど、政府の強引な市場介入が目立ちます。中国経済はこれまで破竹の勢いで成長してきましたが、ここにきて停滞の兆しも見え、政府はその場しのぎのような手を打つばかりです。

中国の富裕層や中間層の人たちは、こうした出来事に対して嫌気が差すとともに、先行きの見えない不安を感じ、海外への投資を進めていることも要因としてあります。政府は政府で、国民に信用されていないことをわかっているので、管理をさらに強めようとして、国民にさらに不信感を抱かせるという、悪循環が生まれています。

万一の際の移住先を獲得するための投資移民

近年とくに中国人に多いのがいわゆる〝投資移民〟としての海外投資です。

投資移民とは、将来的に移住することを目的に、海外へ不動産投資を行い、その国の永住権を得ようとしている人たちのことです。中国政府への不信も相まってこのような動きを見せる富裕層の存在を不動産会社も感じており、中国での説明会には多くの人が集まり、関心の高さをうかがわせています。

しかし「永住権」（グリーンカード）には少し問題もあります。主な国の投資移民における永住権の状況は次のとおりです。

〈アメリカの場合〉

・EB－5というプログラムにより50万米ドル以上（2016年11月時点）の投資を行うと最短1年ほどで永住権を得られる

・制度の継続をめぐり議論が起こっており、今後大幅な法改正がなされる可能性がある

〈カナダの場合〉

・投資移民制度そのものを廃止

・ケベック州において2016年5月30日～2017年2月28日の期間限定で申請受付を再開

・2年以上の管理職経験、個人純資産額、指定の金融機関に一定額を無金利投資できるかなどの条件あり

〈スペインの場合〉
・50万ユーロ以上の不動産を維持するなどの条件を満たすとビザを申請できる
・1年の滞在許可から始まり、2年ごとの更新を継続して初めて永住権の申請に移る

中国人の移民目的の投資が急激に増えたことで、オーストラリアでは不動産価格の上昇が起こりました。激しい価格上昇に対するオーストラリア人の反発は強く、中国人の移民は受け入れにくい環境になってきています。他にも、ニュージーランドやシンガポールなど、長らく中国人の主な移民先となってきた国々が門戸を閉ざしつつあるのが現状です。

そんな中国人の新たな移民先として注目度を上げているのが韓国やヨーロッパ、そして日本です。日本にはそもそも投資移民制度がありません。しかし、それでも投資家たちは不動産購入を通じて日本への移住を進めています。

日本において投資移民制度の代わりになるのが「経営管理ビザ」です。「投資家ビザ」とも呼ばれるこのビザは日本の事業に一定の期間投資することによって5年の居住権を得ることができます。

経営管理ビザの申請条件は、主に以下のようになっています。

・日本において法人を設立し、常勤雇用者2名以上を置くか、あるいは500万円以上の資金とビジネスプランを有すること

これはアメリカのグリーンカードの条件に相当するもので、これを狙いとして投資をする中国人が増えているのです。

もちろんこれは「継続的に人を雇用する、給与を払う、経費を計上する」などの経済活動を行うことが条件に含まれているので、単に日本の不動産に投資しただけで居住権を取得できるわけではありません。しかしながら、中国人の「経営管理ビザ」の取得件数は2012年で4423人、2013年に5057人、2015年には7000人を超えるなど、年々増加傾向にあります。中国の不動産会社の中には、「日本への永住権つき不動産購入ツアー」なるものを組む会社も出ています。

実際に日本で会社を立ち上げた人は、自宅の一部を利用して事業を行うことも多数です。これにより投資による家賃収入に加えて、事業での売り上げも得ながら、永住権の取得を目指しています。

子息の教育のために

外国の永住権を得ることの目的として、その国の国民と同様の社会保障を受けられる点にあります。国民年金や福利厚生を受けられるというのは、外国人にとっても非常にありがたいことです。こと中国の場合、政府や社会への不満や先行きの不安から、日本への移住を望む人が増えているのです。

また中国では、「戸籍格差」と呼ばれる格差が広がっています。中国には「都市戸籍」と「農村戸籍」という2種類の戸籍が存在し、現在は「都市戸籍」が約4割、「農村戸籍」が約6割といった比率です。これらは都市への食糧供給を安定させ、社会保障を充実させるために1950年代につくられた制度です。農村戸籍の人は、都市戸籍の人に比べて待遇は悪く、農村から都市への移動（引っ越し）もそう簡単にできません。都市で出稼ぎとして働いている農村戸籍者もいますが、都市戸籍者と同等の社会保障は受けられない現実があります。

これは子どもの教育にもかかわっていきます。農村出身者が都市部の学校に進学する場合、都市戸籍の一つである「団体戸籍」に移すことになります。これで在学中は都市戸籍と同じサービスを受けられますが、卒業と同時に農村戸籍に戻されてしまいます。

さらに、大学入試においては、都市部に戸籍を持つ学生が優遇されます。同じ大学を志望していても、各省によって合格させる人数が違うのです。日本でいうと、東京大学を志望している学生が、東京都出身か青森県出身かによって倍率も合格ラインも違ってくるようなものです。学生たちは生まれた場所の違いのみによって、圧倒的に不利な戦いを強いられているのです。

就職後、さらにその格差が広がっていきます。同じ大学を出た女性で比べてみても、その差は歴然としています。

月給1万元（約20万円）で質素に暮らす農村戸籍者のAさん。家賃は2800元（約5万6000円）の家に一人暮らし。春節（旧正月）に帰省するときは飛行機代を節約するために長時間汽車にゆられ、両親にお年玉をあげるなど親孝行も欠かしません。

片や月給3万元（約60万円）に加え、ボーナスで60万元（約1200万円）を受け取る都市戸籍者のBさん。都市中心部の一等地にあるマンションに家族と暮らし、家事は家政婦に頼んでいます。

同じ学歴を持っていてもここまで違いが出るのが中国社会なのです。農村戸籍から都市戸籍に移すためには、学歴や居住歴、住宅の購入など地域によって定められた厳しい基準を満たさなければなりません。このように戸籍制度は、国民にとって一生を決めかねないとても大きな存在なのです。

過当競争から抜け出したい人々の思い

最近ではこの条件を乗り越えてまで戸籍を移すのではなく、移民によって活路を見いだそうとしている人が少なくないようです。農村戸籍の人たちは手厚いサービスを受けられず、子どもの教育にも差し障るため、海外に移り住み、十分な教育を受けさせたいと考えています。その国の永住権を得られれば、もし中国で何かあったときに親族を呼び寄せることもできます。その一例が以下のような人たちです。

都内にマンションを買ったCさんは、農村戸籍者。中学2年生の息子がいますが、都市部の高校を受けられないことを心配しています。そこでマンションを購入し、自分は事業を立ち上げて経営管理ビザの取得に向けて動いています。ビザを取得できたら、息子を日本の高校に通わせる道はないかと模索しているのです。Cさんは「息子には、稼ぎは私たちに及ばなくていいから、競争のプレッシャーが少ない生活を送ってほしい」と願っています。

競争は競争でも、中国での競争とは、初めからハンデがついた不利な競争です。日本に来ることで、その理不尽な苦しさから逃れ、安定した生活を送ってほしいという親の願いは切実なものがあります。

戸籍制度によって教育や就職の選択肢が狭まっている中国では、都市戸籍を持つ人でさえ、ストレスを感じているといいます。実際に日本に住んでみると、「いちいち戸籍など面倒なことを考える必要がなく、窮屈さから解放された」と感じている人もいて、日本社会との違いを感じる事例です。

中国人が日本の不動産を取得したがっている背景には、経済的理由だけではなく、このような社会的理由もあるのです。

POINT

- 中国人は自国への不信・不安に対するリスクヘッジとして、海外の不動産を買っている。
- とりわけ外国への不動産投資には、将来の移住先・永住権獲得という側面もある。

04 実は日本が好きであこがれている、日本を信頼している中国人

中国人による日本の印象

ここまで読んで、「でも中国人は日本が嫌いなのではないか。なぜ彼らは自分が嫌いな国の不動産を買うのだろうか」と疑問に思った方もいるでしょう。

確かに近年の中国では、領土問題や歴史認識の違い、政府の反日教育などから、反日感情が高まるなど日本にとって良くない情勢が続いています。しかし実際のところ、一般の中国人は日本に対してそこまでの嫌悪は感じていないのです。

古くから貿易や文化的交流を続けてきた隣国という意識に加え、近年は電化製品の輸出や、日本のコンビニ・スーパーマーケットなどが中国を海外進出の第一のターゲットとし

ていたことにより、日本のモノは中国人の生活に自然になじんでいます。

中国は今でこそ中間層が爆発的に増えていますが、アジアにおいていち早く高度経済背長を遂げ、多くの国民が中流意識を持ったのは、「一億総中流」と言われた日本が最初でした。1978年に日中が国交正常化してからは日本製品の輸出は止まらず、日本のモノに触れるとともに、中国が経済特区などをつくって外国企業が進出するようになると、多文化に触れることになり、グローバル意識が急速に広まりを見せていきます。そして日本の後を追う形で、ボーダーレス社会へと突入し、中流意識のある中間層が増加していったという背景があります。

日本に対して感じている魅力

とくに若い世代は、欧米の影響を受けている日本の生活用品に触れることで、欧米諸国の文化に関心を持つような流れもありました。もちろんそれと同時に、日本という国への関心も広がっていきます。

「日本語を学びたい」という学生も増加しています。熱心な日本語学習や日本研究がなされる背景には、これまで追いかけてきた「日本」という国が、豊かな生活に導いてくれるというような、ある種のあこがれを抱いているのです。日本経済は中国人にとってそれだけの影響力を持っています。

生活用品や経済だけではありません。日本文化が、中国では大変人気があることは、よく知られています。

また、現代のベストセラー作家である村上春樹ブームは有名であり、中国の都会の若者にとっては、村上春樹の小説を読むことが一種のファッションとなっています。

メディア報道や学校教育、親世代から聞いた話などから、アンチ日本の意識が形成される一方で、日常生活において日本のモノに触れない日はなく、文化は浸透しており、多くの若者は日本に対して複雑な感情を抱いているといいます。

日本ブランドへのあこがれ

そんな人たちが、アニメやマンガ、J－POP、ドラマ、小説、ファッションなどから日本を知り、日本語を覚え、信頼感やあこがれを抱くケースも少なくありません。また、実際に日本に来ると、衛生面での徹底ぶりや秩序だった生活に驚き、尊敬の念を抱いたりもします。

日本への訪日中国人観光客の数は年々増え、2016年の上半期だけでも300万人を超えています。ネットには、日本社会のしくみや日本人の姿勢を称賛する書き込みもたびたび見られます。

中国人投資家たちが日本の物件を買いたいと思う根底には、理論立てて説明できる状況的な理由以外にも、ここで説明したような安心・安全な日本ブランドへの信頼やあこがれ、長年親しみのある日本に対する好意的イメージが、少なからず含まれていると思います。

POINT

- **一見、中国人は反日感情が強いように思われがちだが、日本が好きで、日本にあこがれている中国人も少なくない。**
- **日本の不動産取得には、彼らのあこがれという感情も見え隠れしている。**

05

日本の高利回りに魅力を感じる、台湾、香港、シンガポールの投資家

中国から日本へ投資先をシフト

ここまで中国人の投資家が日本の不動産に強い関心を抱く背景について説明してきました。しかし、日本の不動産に熱い視線を向けているのは中国人だけではありません。投資家の数でこそ中国人に劣りますが、台湾人、香港人、シンガポール人も日本の不動産に並々ならぬ関心を持ち、実際に購入しています。

中国に先駆けて経済発展した彼らは、中国経済の急成長に歩調を合わせるかのように中国国内に投資をしてきました。しかし、最近の中国経済の成長鈍化や調整を見て、今は日本へ投資シフトを見せています。

もともと国土が狭く、人口も少ない彼らからみれば、1億2000万人の人口を持ち、またアジア各国の中でいち早く先進国の仲間入りを果たした日本は、有望な投資先であることに違いがありません。また、彼らはこれまで何度も旅行で日本を訪れており、日本が整備されたインフラ、豊かな観光資源を持っていることを実感として理解しています。それが彼らの日本の不動産投資につながっているのでしょう。

本項では、台湾、香港、シンガポールについて、簡単にまとめてみました。中国人とはまた少し異なる彼らの考え方を理解していただければと思います。

世界で最も親日的な台湾

台湾は1894年の日清戦争後に当時の清朝から日本に割譲され、日本が太平洋戦争に敗れた1945年まで50年間にわたり、日本の統治下で発展してきました。その後、中国共産党との内戦に敗れた中国国民党の支配下に入り、現在まで「中華民国」の名称で、中国大陸とは別の歴史を歩んできました。この間、選挙による民主的な政権交代を実現し、経済的にも中進国レベルに発展を遂げています。長い間、敵対関係にあった中国との関係もよくなり、民間ベースの双方の直接交流も活発化し、政治的にも2015年には初の首脳会談が行われています。

台湾の面積は日本の九州とほぼ同じ、人口は約2300万人、名目GDPは5230億ドルで世界第22位に位置しており、はるかに巨大な国土を持つオーストリアを超えています。

台湾企業は海外市場を見据えたビジネスモデルで発展を遂げてきました。したがって、本社は台湾にあっても、製造は中国本土の工場で行って、そこから海外の取引先へ販売するという三角貿易も頻繁に行われています。

中国経済の発展、中台関係の改善に伴い、多くの台湾企業が中国本土に進出していますが、そのほとんどは製造拠点としてです。

ただし、その一方で、近年の台湾人意識の高まりによって、同じ中華系とはいえ、根底では台湾人と中国人は別であるという意識も強まっています。

日本との関係で言えば、台湾は「世界で最も親日的な国」ということが言えます。日本政府観光局によると、2015年に訪日した台湾人の数は368万人です。実に台湾人の6人に1人が日本を訪れていることになります。訪日外国人数でも、中国、韓国に次いで第3位です。また、財団法人交流協会が台湾人に実施したアンケートでも、日本は最も好きな国に選ばれています。このように、日本を旅行する台湾人の数はますます増加傾向にあります。台北市内でもＪＲ東日本や東京ディズニーリゾートなど、日本の観光地をＰＲする広告を数多く目にします。

このように親日的な台湾人は、日本の不動産にも強い関心を持っています。台湾の不動産利回りは、ここ数年、1～2％程度と低く、これは台湾の不動産価格が相場よりも上がっていることが原因と考えられます。

そうした台湾の不動産価格の高騰、円安の動き、東京オリンピックなどの諸要件が重なったため、台湾から日本への不動産投資が増えているのです。

■英国植民地からアジア金融センターに発展した香港

香港は、中国の広東省の一部と香港島などの島々で構成される地域です。1840年のアヘン戦争後に当時の清朝からイギリスに割譲され、以来イギリスのアジアにおける貿易拠点として中国本土とは異なる独自の発展を遂げました。1997年に中国に返還され、現在は「中華人民共和国香港特別行政区」が正式な名称です。

香港の外交や軍事は中国政府の支配下に置かれますが、政治や経済については「一国二制度」により、返還後50年間（2047年まで）はイギリス時代と同様、自由な体制が約束されています。行政トップである行政長官は香港市民による直接選挙で選ばれます。また、WTOやAPECなどの国際経済会議、オリンピックなどの国際スポーツ大会にも「中国香港（チャイニーズ・ホンコン）」の名称で独自に参加することが認められています。

実際、経済の自由度に関しては、「ウォール・ストリート・ジャーナル」が毎年発表している経済自由度指数で、2016年に香港は100点満点中88・6ポイントとなり、22年連続で世界第1位に選出されています。ちなみに、シンガポールは香港に次いで世界第2位です。

香港経済は、制度の明瞭性、マクロ経済の安定、対外開放度の高さによって、企業が健全に発展できると太鼓判を押されています。

香港証券取引所の時価総額は、2015年時点で約3・4兆ドルであり、世界では第6位、アジアでは第3位となっています。

香港は外国企業の上場が多く、海外投資家の比率も高いので、国際性という意味では、日本を超えてアジアを代表する株式マーケットと言うことができます。

２０１５年のＩＰＯ（新規株式公開）による資金調達額は約３３７億円で、２０１１年以来４年ぶりに世界第１位に返り咲くなど、強力な資金力を持っています。また、香港での資金調達は、中国企業が主流ですが、最近は外国企業の上場が増加し、話題になっています。

物流基地からビジネスセンターへ変身したシンガポール

シンガポールは１９６５年にマレーシアから独立して誕生した都市国家です。まだ50年余りの歴史しかない若い国家です。

初代首相リー・クアンユーは、ワンマン体制による都市国家の建設を目指し、国際空港の建設、関税の廃止などで物流ハブ化を飛躍的に進めました。

シンガポールは、物々交換や貿易の拠点から巨額の商取引が行われる場所として発展し、銀行・証券・資産運用・ファンド運営・投資信託などの業界もまたシンガポールに拠点を置く経緯へとつながっていきました。

当初、製造業や物流基地として発展を遂げてきたシンガポールですが、1970年代以降、金融分野が世界経済の主役となるというトレンドに一早く対応し、ファンドマネージャー、トレーダー、キャピタリストといったフィナンシャル分野での高度人材のみならず、世界のあらゆる業態における高度人材が働くうえで、所得税が安く、また外国人が安全に過ごせる環境を用意しました。その成果として、アジアにおいて最もスキルの高い人材を獲得できる国となったのです。

経営の3要素として、「ヒト」「モノ」「カネ」がよく挙げられますが、これらをすべて兼ね備えたシンガポールは、グローバル企業活動のハブ・センターを明確に目指して行動し、その地位を確立したと言えます。

シンガポールの人口は約554万人、国土は東京23区と同じくらいの約720k㎡の小さな都市国家ですが、2015年の名目GDPは世界第38位と、デンマークやマレーシアと同規模の水準に位置しています。また、シンガポール国民1人当たりGDPは5万2888ドルと世界第8位であり、日本の世界第26位を上回っています。

シンガポール通貨金融庁（MAS）は、自国の経済規模が小さいので、海外からの通貨投機などの影響を避けるために通貨バスケット制を導入して、通貨の変動率を安定させています。

そうしたシンガポールの戦略的な金融政策は、アジアの国際金融ハブとして世界のプレゼンスを高めてきた理由の1つです。

実際、2015年のアメリカ「グローバルファイナンス」誌の世界で最も安全な銀行ランキングでは、世界の蒼々たる銀行を押さえて、世界第2位がDBS銀行（旧シンガポール開発銀行）、第3位がOCBC銀行（華僑銀行）、第4位がUOB銀行（大華銀行）とシンガポールの銀行が最上位を占めています。ちなみに、日本の銀行では三菱東京UFJ銀行の第50位が最高でした。

POINT

- **中国人に限らず、台湾人、香港人、シンガポール人も、日本の不動産取得に動いている。**
- **彼らは自国の不動産利回りの低さから、利回りの高い東京の不動産を狙っている。**

— 第3章 —

これが中国人の不動産投資スタイルだ

中国人投資家とその投資スタイルには、日本人や他の海外投資家とは違った特徴がいくつか見られます。これから中国人に対して物件を売ろうと考えている方は、これから説明する彼らの特徴、考え方、投資スタイルなどをしっかりと把握しておくことで、商談成立に近づくかと思います。

こちらの章では、中国人の不動産投資スタイルを、幅広い側面から見ていくことにしましょう。

01 パワーあふれる、若くして成功した経営者が多い

若手の投資家が多い中国

中国人投資家に多いのが比較的若い世代の人々です。中国人の富裕層（個人資産が１０００万元以上）の割合は中国総人口の約６・３％であり、内訳は「起業家」「高所得者」「不動産投資家」「個人投資家」の４つが多くなっています。驚くべきは、彼らの平均年齢です。他の海外投資家の平均年齢が54歳なのに対し、中国人富裕層の平均年齢は39歳です。この若い年齢層の人たちがいま、日本への投資を進めています。

この世代は中国が改革開放政策に大きく舵を切った１９８０年代に生まれたため、「80後」（バーリンホウ）と呼ばれています。つまり、中国経済の急成長とともに彼らも成長

してきたため、今までの価値観や常識の影響をあまり受けず、良いと思ったものにはすぐ投資をするなど、アグレッシブに動いています。自分の企業を世界的に広め、国際市場にも積極的に参加していることも珍しくありません。とにかくパワーにあふれ、勢いは増すばかりなのです。

若手投資家の正体

では、なぜ若くして成功する経営者が多いのでしょうか。日本に投資している中国人で多いのがＩＴ関係や投資関係の会社経営者です。中国は最近まで高度経済成長期にあったため、こういった若い世代も最先端の事業を興すことで十分にお金を稼ぐことができました。こうした例は、事業の初期費用は親から支援してもらっていることも多く、それで成功した彼らはつまり二世。しかしながら、彼らは必ずしも中国に永住したいとは考えておらず、非常にグローバルな視点を持っています。

彼らは自らの資産を国外に「逃がす」目的で投資をする面もあります。不安定な国内経済に身を任せておくよりも、自分の意志で財を運用し、確実にリターンを得る方法で守っていく意識が強いのです。また、彼らの子どもはまだ幼い場合が多く、子どもの将来の教育環境を整えるという意味でも、日本の物件に価値を感じています。

親が資産家という場合には、その子どもが留学先のアメリカ・シリコンバレーなどでそのまま投資家になる、というケースも出てきています。そうした子息投資家たちは親の手助けを受けながら投資額を競い合い、高級車などモノを通じた自己アピール合戦に必死になっています。この投資家集団の存在はいま、シリコンバレーを狙う企業にとっても大きくなりつつあります。というのも、彼らから投資してもらうことによって、彼らの親の莫大なネットワークまで利用できると考えているのです。

イギリスのイングランド高等教育資金会議によると、イギリスの大学院に進学する中国人の割合は23％ということでした。ちなみにイギリス人は26％。ほとんど本国と同じ割合で、イギリスの大学院に進んでいます。留学生たちは大学院を修了後、中国に帰るケースとヨーロッパ諸国で就職するケースとがあります。

中国に帰れば、エリートとしての就職口は保証されており、順調に財を成すことができます。帰らなかった場合にも、金融業界に就職し、家族に海外投資させることで、「家」としての資産を増やす手助けとなっているのです。血縁の結びつきが強い中国人にとって、家の資産を保持することは重要とされます。世話になった親に恩返しするのは当然という習慣もあるので、こうすることで周りにアピールできることにもなります。

中国人は家族が協力して資産を増やし、循環させています。投資先も一つではなく、海外の複数の場所に分散させることで、リスクを回避しさらに資産を増やしていけるのです。ここが日本人との大きな違いであると言えるでしょう。

世界に広がるネットワーク

中国の富裕層には「起業家・経営者」「投資家」が多いことは先ほどお話ししたとおりです。彼らがすごいのは、その資産額だけではありません。そもそも数億円単位で投資ができるレベルの収入を得るためには、ビジネスにおいてグローバルに活躍し、ネットワークを築いていることが条件となります。彼らは自らのビジネスで世界中に人脈をつくり、ネットワークを広げているのです。

そうして築かれたネットワークを、世界の様々な情報を得るのに利用しています。リアルタイムで情報を得ることができれば、行動にもスピード感が出ますし、ベストなタイミ

ングで動くことができます。張り巡らされたネットワークはアフリカなどにも広がってお
り、お互いに協力し合いながら相互繁栄を目指し、さらに富んでいくという仕組みです。

POINT

- **現在中国人の消費や投資の主役となっているのは、中間層の若い世代である。**
- **改革開放以降に生まれた彼らの多くは、グローバルな視点で投資を行っている。**

02 見栄やプライドで、有名な土地（都心、観光地）に興味を示す

「有名ブランド」へのこだわり

中国人は基本的に見栄っ張りです。周りからの評価を得られることが自尊心を満たすことになりますし、逆に評価を得られていないことは本人にとって大問題なのです。だから常に自分の力を誇示しようとして、見栄を張る傾向にあります。

ルイ・ヴィトンやグッチの全世界の販売に占める中国人の購入はそれぞれ3割を超えているそうです。さらに海外販売に限ると、そのシェアは55～60％にもなります。ブランド企業では多くの店舗で中国語ができるスタッフを配置していますし、「銀聯」などの中国のクレジットカードを使えるようにしています。高級ブランド店にとって、いまや中国人

はなくてはならない顧客となっているのです。

このような傾向はかつての日本にもありましたし、他国でも一定数存在します。しかし、中国人が他の外国人と違うのは、「超一流ブランド」よりも「超有名ブランド」を好むところです。「広くは名の知られていない世界一高品質の希少ブランド」より、「一般的に有名なブランド」の商品を優先します。つまり、周りからの評価を大切にする中国人にとっては、「一番良いもの」ではなく、「みんなが良いと思っているもの」でなければ周りに自慢ができないため、価値を感じにくいのです。

日本で商品を買い漁る中国人

中国人観光客が日本に来ると、銀座でブランド品を買い漁っていくイメージがついています。銀座にある店舗の多くが外国のブランドで、中国にも同じブランドが出店しているにもかかわらず、わざわざ日本に来て買っていきます。

その背景として、中国のお店では偽物の不安があるなどいろいろな理由はありますが、多くの中国人には「銀座」で買ったというその事実が大事なのです。銀座は中国でも有名なブランド街ですから、「日本に行って、高級ブランド品を買った」という何よりの証拠になります。銀座の街にいる自分を写真に収めて、ＳＮＳで発信している人も最近では良く見かける光景です。

ちなみに有名ブランド品以外を選ぶ場合、日本人からすると「ちょっと……」と感じるデザインのものもありますが、彼らは自分の嗜好に合い、中国人コミュニティの中でおしゃれだと感じるものを重視していますので、その点は無理に日本人の感性で勧めないほうが良いと思います。

不動産における人気スポット

こうしたブランド志向、自分をよく見せたいという中国人の思いは、不動産投資でも変わりません。中国人がときおり、物件を見もせずに即決したり、マンションを棟ごと買うなど大型契約を結んだりしているのは、日本に対する信頼に加えて、不動産をもともと投資用で考えており、自分の資金力をアピールできるものと考えているからです。

したがって、中国人の投資先は世界的に「有名な」都市や観光地に集中することになります。

まずは東京都心です。中央区や港区はタワーマンションを中心に億単位で購入します。その他の地区でもオリンピック効果を期待してか、商業ビルや中古マンションにも進出してきています。とくに湾岸地域はオリンピック選手村の予定地になっていることもあり、問い合わせが殺到しています。

物件によっては数十戸のまとめ買いにより、「所有者の1〜2割が中国人」という物件も出ています。さらには、数年前に建設途中のマンションを購入した富裕層が、入居が始まってすぐ売りに出しているという現状もあります。しかし、中国人中間層の東京都心に対する関心はいまだに高いものがあり、価格は上昇を続けています。このあたりの物件にはもはや、日本人だけが住んでいるようなマンションはないと言われるほどです。

京都・札幌・沖縄などの観光地も、外国人観光客を多く見込めることから、中国人の関心の的となっています。また自身の来日するとき用に別荘感覚で大阪や静岡（富士山が見えるところ）などの物件を購入するパターンも増えています。

また最近では、地方の観光地にチャンスがあると見込んだ投資家たちが、各地に進出しています。投資家たちは日本についてよく理解してきているため、競争の激しい大都市狙いから中小都市へのこうした方向転換も起こっています。この状況を見ると、今後はより小規模のマンションや離島の一戸建てなどを購入する投資家も増えてくるでしょう。

そのときの流行りやブームに乗じて大金を動かすことができるのも中国人の特徴ですので、不動産オーナーや投資家、不動産業者としては彼らの動向と流行を見逃さないよう、チェックしておかなければなりません。

POINT

- **中国人投資家は、ブランド志向である。**
- **ＳＮＳなどを駆使して、自分のことを誇示したがる。**
- **中国人は自分を誇示するものに出費を惜しまない。高くてもお金に糸目をつけない。**

03 区分所有よりも、土地の所有権がつく一棟ものを好む

土地使用権の概念

中国人が投資に躍起になる理由を知るのには、「土地使用権」というキーワードは欠かせません。これまで多くの中国人が海外へ移住し「華僑」になっていった背景にあるものは、自国の経済や環境要因だけではなかったのです。

中国の法律にはこのように記されています。

「都市の中心区域の土地は、国の所有に属する。農村の土地及び都市の郊外地区の土地は、法律の規定により国の所有に属する場合を除き、農民集団所有に属する。」（土地管理法第8条より）

このように中国の土地は個人の所有地でなく、「国の所有」および「農民集団所有」となっています。ここでは投資とかかわりが深い「国家土地使用権」について見ていきます。

国民は土地を購入したり借用したりして、土地の使用権を取得することになりますが、きちんと使用権を取得してもその権利には以下のような期限が定められています。

・居住用地：70年
・工業用地：50年
・教育、科学技術、文化、衛生、スポーツ用地：50年
・商業、観光、娯楽用地：40年
・総合又はその他の用地：50年
（都市不動産管理法第13条及び都市部の国有土地使用権の払下及び譲渡に関する暫定条例第12条より）

一番長い居住用で購入しても、70年で期限が切れてしまいます。使用期限を延長するためには、期限満了となる1年前までに更新の申請を行い、再度契約をしたうえで土地使用

権払下金を払わなければなりません。一度取得した土地でも、再度使用料をとられてしまうのです。そしてもし更新申請手続きをとらない場合は、国が無償で回収することも明記されています。

この土地管理法は1988年から段階的にスタートした制度のため、まだ年数が足りず、現時点で使用権の更新に関する問題は起きていません。法律自体が暫定的なものである点を踏まえると、今後変更される可能性は高いでしょう。

しかし、中国の人たちはこの使用権の問題に敏感です。先の話とはいえ、本当に更新申請が受理されるのか、更新時にいくら払わされるのかなど懸念材料は多いのです。もし土地の更新ができなければ、せっかく買った物件を子孫に残すこともできません。そのような理由があって、中国人は国内の土地使用権を得るよりも海外の不動産の所有権を得たいと思っているのです。

一棟もの購入のメリット

中国人が海外の物件に関心を持つ大きな理由、「使用権問題」については、おわかりいただけたかと思います。次に注目したいのは、中国人には一棟ものが好まれることです。

中国では、都市に住む一般庶民のほとんどがマンション住まいです。しかもその一棟単体ではなく、複数棟がまとまって建っており、日本でいう団地のような状態がふつうです。一軒家というのはほとんど見当たらず、郊外に富豪が住む豪邸があるくらいのもの。中国人は投資家になる人も含めて、一戸建てに住んだこともなければ、日本のような小規模の一軒家とはなじみが薄いのです。

投資家たちは当初は都心のタワーマンションを狙って動いていました。最近ではマンションを棟ごと買いたいという要望も多くなっています。マンションなどは部屋単位で買った場合には区分所有になるのに対し、一棟まるまる購入するなら土地が付きます。しかも日本は中国と違って土地を購入して所有することができます。

同様の理由で今は一戸建てを狙うケースも増えています。一戸建てを購入する背景には、将来的な移住を視野に入れている人も少なくありません。中国人を縛る戸籍問題や、窮屈な地域ネットワーク、国際問題ともなっている大気汚染問題……。数々の心配事を抱えた中で、日本に移住すれば、治安も良く快適な環境で生活ができるからです。

どのような背景を持っているにしろ、マンションの一室だけではなく、自分だけの建物と土地が得られる。中国人にとっては、この違いがとても重要なのです。

土地つきという強み

土地の所有権を購入できるのであれば、ほぼ永続的にその土地を残していくことができます。投資移民となって子孫に引き継ぐにしろ、人に貸し出すにしろ、「所有」という条件ほど中国人にとって欲しいものはありません。

第1章でも書いたように、日本は災害リスクのある国です。地震や津波で建物が倒壊してしまうことは珍しくありません。しかし土地を所有していることで、資産としてはゼロになりません。天災によるリスクを負ってでも、一棟ものの購入はメリットのある選択となっています。欧米と違って敷地面積が狭いことが少しネックになりますが、距離的にも近く、欠陥住宅の恐れが少ない日本の高品質住宅はその分信頼が厚く、十分に中国人の自尊心を満たしてくれるものです。

以上の理由から、中国人投資家の間では一棟ものの人気が非常に高まっています。すでに都心部の一棟マンション価格は高騰しており、日本の個人投資家には手が出せない状態ですが、中国人投資家なら十分購入が可能です。そして、その流れは都内だけでなく地方に広がりつつあります。地方の不動産業者にとっては今後まだまだチャンスがやってくると考えていいでしょう。

POINT

- **中国では、基本的に土地の個人所有はできないため、土地の所有権がつく日本の不動産は大きな魅力である。**
- **日本の不動産を取得する際は、区分よりも、土地が丸ごとつく一棟買いを好む。**

04

面識のない人よりも、知り合いからの紹介を重んじる

中国人の面子

中国人は他人と打ち解けるのに時間がかかると言われています。中国人社会は「面子」「関係」「人情」を重んじる傾向があります。ただし、これらの言葉は日本で使われている意味合いと微妙に違っているのが特徴です。自我の強い中国人同士の人間関係は、互いの面子をつぶさないように、独特の技術によって調整されています。

日本人も世間体などを気にする人は多いのですが、それを保つための行動が中国人はとても極端なのです。

中国人同士が交渉を行う際、以下のような四者の関係が必要です。

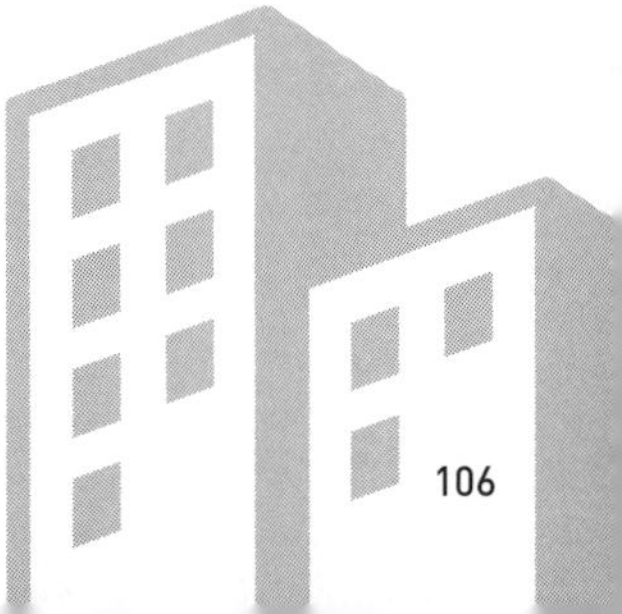

たとえば、AさんがBさんに何かお願いをしたいと思っていますが、赤の他人に直接頼みごとをすることは「面子」が失われることになります。そのため、それぞれが仲介人であるCさんとDさんと立てて交渉にあたります。この交渉においても互いの依頼者の面子を失わせることのないように細心の注意を払いつつ、関係をつくっていきます。

本来の対象者の間に代理人を立てるやり方は、どこの国でも行われているものですが、中国ではビジネスにとどまらず、日常生活の至るところにこういった慣習が浸透しています。一見とても面倒にも思えるこの行動の裏側には、周りからの評価を大切にする中国人の考え方があります。

「人情」という発想

「人情」という言葉は、日本の使い方とは少し違い、「人情をつくる」というような使われ方をすることがあります。人に贈り物をしたり、冠婚葬祭の慶弔費を出したりすることは日本でもよくあります。しかし、それが相手に対する気持ちの表現というよりも、そこにいくら使うかというところで個人のステータスが判断されるような考え方をします。中にはその費用が家計を圧迫して生活に窮する人もいるくらいだといいます。それくらい面子というものは重く大きな存在となっているのです。

日本人の場合、評価や見られ方は良くも悪くも簡単に変わるものではありませんが、中国人の場合、自己アピールをして目立ったり、注目されたりしていないとすぐに評価が落ちる（落ちてしまったら挽回は難しい）と考えられています。評価や立場が非常に流動的なため、競争によって勝ち取らねばならない、という観念があるように思います。だからこそ彼らは自分の意見を変えようとせず、強硬な態度をとったりして隙を見せないようにしているのです。

強い血縁関係

中国では、日本よりも血縁関係や地縁関係の結びつきが強いことも特徴の一つです。そのため日本ではかなり少なくなった「縁故採用」や、頼みごとをしたい相手に一方的に贈り物をする賄賂まがいのようなこともいまだに頻繁に行われています。

「能力が足りていないと思われても、それが旧友なら職を与える」という人の割合が8割以上に上るような社会であるのです。

中国人の意識として、そういった行為は悪ではないとの考えがあるので、関係を築く上では親しい人の紹介が非常に強い効果を発揮します。

中国人は、家族や親族、そして信頼できる友人たちで形成された「圏子（チュエンズ）」という独特のネットワークを持っています。この圏子の内部にいる人間だけが自分の信頼できる仲間であり、それ以外の人間を中国人は基本的に信用しません。もちろん、未来永劫信用しないというわけではなく、仕事やつきあいを通じて、信頼感を深めていくわけです。

中国人は他人を明確に3つに分類します。その3つとは「身内（自己人《ジージーレン》）」「知っている人（熟人《シュウレン》）」「知らない人（外人《ワイレン》）」です。身内とは文字通り親族のネットワークで、どんなに遠い親戚でも親族ということで信頼して何か困ったことがあれば手を尽くしますし、相手にも同じことを求めます。身内に紹介された人であれば信用されやすく、その後の関係をつくりやすくもなります。

次の「知っている人」というカテゴリー。先ほどの交渉の例でいうと仲介をしたCさんやDさんのことです。ここに分類される人たちはステークホルダーの色合いが強く、自分が求める資質を相手が持っていることが関係づくりのポイントになります。

最後の「知らない人」に対して中国人はドライな態度をとります。相手がどうなろうと無視するということもありますが、これは冷たくしているというより、平等・公平に接している結果でもあります。

このように相手がどのカテゴリーかによって態度を豹変させるのが中国人の特徴です。最近の若い人たちには、こうした意識は薄れてきてはいるものの、このような長年社会通念として横たわってきた考え方は、まだまだ根強いと思われます。

そのため、中国人が世界的に人気の高い日本国内の不動産へ投資することを考える際も、身内や知人の紹介であれば、その事実だけで人間関係の潤滑油になってくれる場合があります。世界中にネットワークを持つ中国の富裕層ですから、一度築いた人脈は非常に大切にします。こうした心理を理解しながら商談を進めていければ、スムーズにまとまることも多いでしょう。

POINT

- 中国人は家族や友人・知人とのネットワークを重んじる、独特のコミュニケーション感覚を持つ。
- 彼らのネットワークに入ることで、ビジネス上も大きなメリットを享受することができる。

05 あらかじめ予算を決めて買いに来るので意思決定が速い

予算を決めて来日する中国人投資家

中国人投資家は物件を選ぶ際、大半の場合は予算を決めて来ています。多額の現金を紙袋に入れて物件の下見に現れるのはそのためです。紙袋を指して「これで買えるところを」という探し方をしているのです。

そのため自分の考えに沿った物件が見つかれば、すぐに購入を決めてくれます。他の投資家と違い、金額面で迷うことはないのです。予算をオーバーした物件の場合、値切り交渉をされる可能性はありますが、きちんと対応すれば断りを入れても問題ありません。ただ、こうした富裕層の人たちは大体とてつもない額をキャッシュで持っていたりするので、

「タワーマンションを丸ごと」などの極端な希望でなければ販売価格は払うことができます。

日本の不動産は割安

また、大方の富裕層は、不動産投資への予算を全資産の3分の1程度と決めています。それでもアメリカの最高価格帯の物件を購入できるくらいの資産を持っているのです。ただし、中国人投資家同士の価格競争などにより高値になってしまったアメリカの物件を買い控える投資家も出てきました。これが日本の不動産業界にとって追い風になっている向きがあるのです。

中国国内の不動産バブル、アメリカの価格上昇に比べると、日本の不動産は割安です。先に述べたように、円安の影響や物件に土地がついてくる点などで、アメリカでの投資を考え直した人たちにはお得なのが日本の物件です。加えて高品質、オリンピック効果への期待で、多少の値上がりであればあまり気にすることなく、投資を進めることができます。

不動産ブームは続くのか

今後は日本でも、アメリカで起きているような買い控えが起こる可能性もなくはありませんが、それはまだ先の話です。少なくとも2020年の東京オリンピック前後までは、このブームは続いていくでしょう。

不動産業界が注意しなければならないことは、彼らの購入目的や購入後に法規制に則った利用をしてくれるかどうかです。買い焦る彼らの莫大なお金を目の前に、勢いで説明を飛ばしてしまうなどの抜けがないようにしたいところです。

POINT

- **中国人投資家はあらかじめ予算などの基準を決めておくので、意思決定がスピーディ。**
- **少なくとも東京オリンピックまでは、彼らの東京の不動産投資ブームは持続することが予想される。**

第4章

これが海外投資家のバリューアップ方法だ

不動産投資とは、物件からいかに利益（キャッシュ）を生み出すか知恵を絞ることが成否を分けると言っても過言ではありません。

近年では、単なる賃貸ではなく、民泊やシェアハウスなどの新しい手法が生まれています。

本章では、私たち日本人にはなかなか思いつかない、あるいは実行できない、海外投資家ならではの物件バリューアップ方法について解説します。

01

物件のバリューアップは、中国人に聞け

バリューアップの手法

バリューアップとは、「古くなった物件に、リフォームや耐震補強などを施すことにより不動産価値を高め、収益性を上げること」です。中国人投資家は老朽化して価値が下がっていた物件を購入し、バリューアップして価値を高めようとします。

物件のバリューアップ方法には様々な方法がありますが、そのいくつかをここで簡単に紹介しておきます。

〈リフォーム〉

築年数の長い物件などでは室内設備等は建設時のまま、建物も経年劣化で外壁に傷みがある、などということが多くあります。そのような物件に対し、壊れそうな設備を取り換えたり外壁を新しくしたりするのがリフォームです。「原状回復」と言われることもあります。外壁のリニューアルなどは外から見て明らかなので、稼働率の向上に役立ちます。

〈リノベーション〉

リフォームと違い、もともとの性能よりもグレードアップさせて価値向上を図ることを「リノベーション」と言います。よって既存の建物に対して大幅なテコ入れをする場合に行います。部屋を仕切っていた壁を取り払って広々使える一部屋にする、段差をなくす・階段に手すりをつけるなどのバリアフリーを意識した改修、外装の素材や照明を変えることで雰囲気に変化をもたらす、などの例があります。

〈コンバージョン〉

コンバージョンとは、もとの用途とは違った方法で建物を再利用する方法です。よくあるのは、オフィスビルやホテルだった物件を賃貸マンションに変えた例などです。廃校になった校舎を地域住民のための施設にする、城の中を美術館にするなど、住宅以外にもいろいろな手法があります。改修費用等が安く済むことが多いので多用されているバリューアップ方法です。

〈周辺利用環境の改善〉

物件の設備は悪くなくても、周辺環境がネックになって購入が伸びないこともよくあります。たとえば、ごみ捨て場や駐車場・駐輪場などの共用エリアが汚れている、植えられた植物の手入れが行き届いていないなどがその要因です。このような場所では環境美化に務め、ルールを徹底することが求められます。見た目の印象は非常に重要で、きれいにするだけでも効果が見られます。

不動産の価値を高める中国人投資家

このような手法をうまく利用することで、不動産としての価値を再上昇させることができます。ポイントは、ニーズに合わせたバリューアップを図ることです。むやみにリフォームやリノベーションを行ったところで、購入する人が増えなければ意味がありません。現状の物件ではどの程度の価値なのか、これから先どのように使われていくのがベストか、この場所の建物に求められている価値とは何かといったことを総合的に判断してから踏み切るべきです。効果的なバリューアップにより、老朽化して寂れていた物件の稼働率が劇的に上がったという例は数多くあるのです。

中国人投資家は、購入後のバリューアップを得意としています。ですので、ダメ物件だからといってあきらめる必要はありません。むしろ、安く購入できることによって、その後の活用方法にもバリエーションが生まれるのです。

バリューアップを狙う投資家の例

和歌山県白浜町では、海辺の温泉つき住宅を販売開始直後に中国人に買い取られたといいます。このエリアはもともと日本人の富裕層や老後を過ごす人をターゲットに開発されていました。世界はおろか日本国内でも無名な土地です。その土地に早々と目をつけ、進出を試みる中国人がいるのです。現地では宿泊施設不足で困っていましたので、彼らは自分たちの来日用の宿泊施設としてだけでなく、購入後に物件をバリューアップし、民宿などとして売りに出すことも視野に入れていると思われます。

この買収劇の影響を受け、不動産業者は中国人投資家をメイン顧客とするよう方針転換をしています。このような例は白浜町だけでなく、国内の他の場所でも後を絶ちません。日本への投資ブームが過熱するとともに、投資家たちは日本の隠れた名所や中規模、小規模のリゾート地にも目を向け始めています。これは価格上昇が続く大都市圏での過当競争を避ける狙いもあります。今まで注目されてこなかったものの、これから人が集まる見込みのある土地を確保し、自ら建物をつくるなどして観光客を呼び込もうとする流れも現実として存在します。

これ以外にも、住宅を（あくまで適法に）シェアハウス化したり、格安の宿泊施設として外国人観光客を招いたりするなど、利回りをよくする運営方法を熟知しているのも中国人投資家たちの特徴です。

次項以降で、詳しく説明していきます。

POINT

- 中国人をはじめ、海外投資家は、物件のバリューアップに長けている。
- 彼らの視点は、日本人とは異なる独特のもので、それが高値購入に結びつくこともある。

02 深刻化する日本の〝空き家〟問題

中古よりも新築を好む日本

日本では、新築住宅の人気が圧倒的に高く、中古住宅は人気がありません。新築物件に比べて、中古住宅は市場価値が急激に落ちてしまうからです。しかし、実はこれは日本特有の問題であり、海外では中古物件の市場が確立されています。

たとえば、欧米では築年数が50年や80年にもなる木造やレンガ造の建物がいまだに現役で使用されていますし、その価格が下がることもありません。むしろ、丁寧に手入れされていれば、住宅価格は上昇するものだと思われています。もちろん、これには欧米には石造りの頑丈な建物が多いうえに、第二次世界大戦前の集合住宅など、古くて歴史のある建

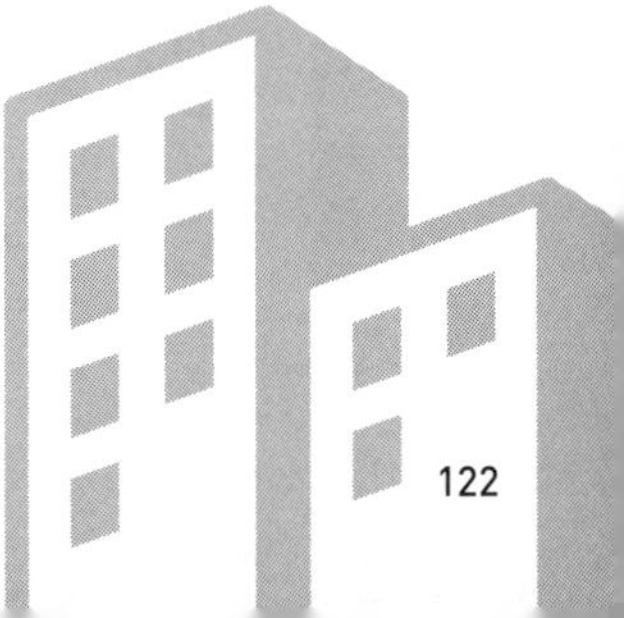

物がむしろ好まれるという文化があるからです。

ちなみに、取り壊された住宅の築年数を調べたところ、日本は27年、アメリカは67年、イギリスは81年と大きな違いが出ました。

欧米と違って、日本の住宅は木造が多く、また比較的短期間で建て替えることを前提に造られていることもあり、中古住宅はあまり好まれません。

平成20年度には、日本で供給される住宅のうち、中古住宅が占める割合は13・５％しかなく、同じころ、イギリスでは88・８％、アメリカでは77・６％、フランスでは66・４％が中古住宅です。

最近では、日本でも中古住宅の供給量がだいぶ増えてきましたが、まだまだ少ないというのが現状です。

3件に1件が空き家になる時代へ

日本人が新築を好む結果として、現在１つの大きな問題が生まれています。それがいわゆる〝空き家〟問題です。古くなった家が有効活用されず、誰も住まないまま空き家として放置されていることが増加して、地域の環境悪化や治安悪化などの社会問題になっているのです。

総務省の調査によると、2013年の日本全国の空き家率は13・5%と過去最高となり、その総数は820万戸にのぼります。日本全国にある住宅のうち、なんと7軒に1軒が空き家という割合になっているのです。

実は、この空き家の半分は賃貸用物件です。賃貸用物件は退去から入居までの間はどうしても空き家になってしまうし、空き家がまったくなければ入居希望者は困ってしまいます。別荘や売却前の物件なども空き家に含まれています。

そのため、居住者が死亡したり引っ越したりした後に、売却や賃貸などで使用される予定がない本当の空き家は、全国で318万戸、率にすると5・3%ですが、それでも19軒に1軒が空き家ということになります。

この空き家の増加に対し、国もようやく本腰を入れて対策に取り組み始めています。2014年11月に成立、2015年5月から全面施行された空き家対策特別措置法では、倒壊の危険があるなど問題のある建物に対し、国の権限で強制的に解体ができるようになりました。

所有者が空き家を活用せずに放置してきた原因の1つとなっていたのが、住宅に対する固定資産税の優遇措置です。更地の場合と比べて、その土地の上に立つ住宅の敷地が２００平方メートル以内の場合は6分の1、２００平方メートルを超えた分は3分の1まで軽減されます。

しかし、空き家対策特別措置法が施行されたことにより、倒壊の危険や衛生上の問題がある空き家は特定空き家として固定資産税の優遇措置から外されるため、とたんに税負担が重くのしかかります。

空き家の問題は、首都圏でも深刻であり、２０１５年1月30日放送の「ワールドビジネスサテライト」によれば、首都圏でも郊外で駅から遠い物件では５００万円未満という激安物件が増えています。駅から遠い、エレベーターがない物件には、買い手がつかない時代になっています。

不動産は、管理費も固定資産税もかかるため、積極的に活用する必要があります。そこで、管理ができないのであれば、できるだけ早く売却した方がより高値で売れる可能性が高くなります。

本書の読者のみなさんの中には、地方に住む親の物件を相続で受け継いだものの、空室率が高くなってしまっているとか、あるいは業者に勧められるままに地方の物件を購入してしまったものの、客付けがうまく行かないなどの理由で、売却を検討している方もいると思います。しかし、日本の不動産業者からは低い評価しかもらえず、赤字で手放す覚悟をしている方もいるかもしれません。

実は、海外投資家は、こうした空き家に付加価値をつけることができるのです。次項で説明します。

POINT

- **日本は中古よりも新築を好む価値観が根強く、海外に比べて中古物件市場が小さいままである。**
- **現在、地方を中心に〝空き家〟問題が深刻化しているが、海外投資家にはこの空き家もビジネスチャンスに映っている。**

03

バリューアップ手法　その１
空き家を民泊に活用する

深刻化するホテル不足と訪日客の宿泊ニーズの多様化

２０２０年東京オリンピック開催、観光立国推進に向けて、観光業界が勢いづいています。しかし、オリンピックで恩恵を被るのは何も観光業界だけではありません。訪日外国人の増加は、不動産賃貸業にとっても大きなビジネスチャンスとなります。

四季に恵まれ、北は北海道から南は沖縄まで多様な観光資源を持つ日本を訪問先に選んだ旅行客などの短期滞在者は一度だけの訪問に飽きたらず、リピーターになる可能性が高く、さらに常連客にもなり得るからです。

政府は２０２０年までに４０００万人、２０３０年までに６０００万人の外国人観光客

図表4　2015年度訪日外国人観光客数

第1位	中国　約499万人（前年約240万人）
第2位	韓国　約400万人（前年約275万人）
第3位	台湾　約367万人（前年約280万人）
第4位	香港　約152万人（前年約92万人）
第5位	アメリカ　約103万人（前年約89万人）
第6位	タイ　約79万人（前年約65万人）
第7位	オーストラリア　約37万6000人（前年約30万人）
第8位	シンガポール　約30万8000人（前年約22万人）
第9位	マレーシア　約30万5000人（前年約24万人）
第10位	フィリピン　約26万8000人（前年約18万人）

（出所）日本政府観光局

を呼び込むとしています。実際に、日本のマンガやアニメなどのサブカルチャーを求めてアメリカやヨーロッパなどから若者が訪日し、海外での日本食ブーム、富士山の世界遺産登録、和食のユネスコ無形文化遺産登録、２０２０年の東京オリンピックの開催により、訪日外国人数は増加が予想されます。

現在深刻な問題になっているのは、外国人旅行者が多く訪れる東京都心と京都などの観光地のホテルが足りなくなり、需要を充たしていないことです。新しいホテルの建設も急ピッチで進められていますが、そんなにすぐに建つものではありません。当座の需要を充たすホテルの代わりになるものが必要となります。

また、旅行者の訪日目的も、リピーターになれば単なる観光からロングステイ、体験学習などに変わり、滞在期間も長期化していくことでしょう。

短期の観光ではなく、中長期に滞在する外国人も増えているため、外国人が住まいを求めて、不動産賃貸業界を利用する機会が増えるでしょう。

そうすると、外国人長期滞在者にとって、高額なホテルではなく、安価で住める日本の住まいが必要になってきます。

ここに空き家問題を解決するヒントがあるのです。

民泊とは

今ある不動産を有効活用して収益を上げるために必要なのは、実は物件を貸す方の意識転換です。通常の賃貸経営ではなく、これまでにない新しい物件の貸し方を行って物件を有効活用するのです。

そこでお勧めしたいのが、民泊です。

民泊とは、個人間で短期的に賃貸契約を結ぶことで、1泊の料金を設定して最低1泊から、長くても1カ月程度という短い期間で物件を貸すシステムです。

以前からこれに近い形態をとっていたのが、２０００年頃から始まったウィークリーマンションやマンスリーマンションです。地方から東京に一定期間や一定頻度出張に来るビジネスパーソンに利用してもらったり、あるいは企業と契約して出張や研修用に利用してもらうという使われ方がほとんどです。

従来のウィークリーマンションやマンスリーマンションと民泊の違いは、貸し出す相手です。民泊では、外国人観光客向けサービスとして運用するのです。

中国人観光客の爆買いは有名ですが、中国人だけでなく、日本を訪れる外国人の数は急増しています。

その結果、特に東京23区内のビジネスホテルや旅館は予約が取れない事態まで発生しており、日本のホテル業界は今、慢性的な施設不足に陥っています。

この状況を利用して、今空き家となっていたり空室が多い賃貸アパートやマンションを外国人観光客にホテル代わりとして提供して活用するのが、民泊です。

人に宿を貸すことが、そんなに簡単にできるのだろうかと気になる人もいるかもしれません。

確かに日本では旅館業法により、ホテルや旅館、簡易宿泊所を営業する者は許可を要するとされていますが、民泊は政府主導で規制緩和が急ピッチで進められています。

現在、２０２０年の東京オリンピック開催に向けて、国家戦略特別区域（国家戦略特区）が制定されており、その指定されたエリア内では、従来の規制が大幅に緩められ、外国企業を誘致する計画が進められています。

そして、その国家戦略特区法第13条では、旅館業法の適用除外について定められており、今後は民泊を合法化する動きが加速されていくでしょう。

あまり活用されていない不動産を民泊施設として提供することで、オーナーは収益を得ることができるし、宿泊する側としては比較的予約が取りやすく、一般的なホテルよりも安価で利用できます。

民泊を開始している収益物件オーナーの多くが利用しているのが、民泊仲介サービスAirbnbです。

Airbnbとは、米国Airbnb社が提供する、オンラインでのバケーションレンタルサービスのことです。２０１５年10月時点で、１９０カ国超の宿が提供されており、物件のホストと宿泊者を仲介する役割を担っています。

今、世界で急速に普及しているシェアリングエコノミーサービスとは、乗り物・スペース・モノ・ヒト・カネといったリソースを、利用者が必要なときにだけ安価に使うことができるサービスのことです。日本でも市場は拡大しており、2015年度の市場規模経済は、前年比22・4%増の285億円となっています。

こうした時代が訪れていることを考えれば、Airbnbが海外で圧倒的な人気を誇る理由も納得できますし、その将来性にも十分期待できます。そして、海外投資家は、民泊で空き家物件の収益を上げるノウハウとネットワークを持っているのです。

民泊に向いている物件

民泊に向いているのは、築15~20年のアパート、マンションです。そうした物件は、一般の賃貸では、なかなか客づけがしにくく、部屋が空いていることが多いのですが、ちょっと古めのアパート・マンションは、地価の安い頃に建てられたものが多いので、比較的駅近などの立地のいい物件が多い傾向にあります。

さらに言えば、管理会社が管理している物件よりも、オーナー自身が管理している物件のほうがベターと言えます。

その理由は、すべてオーナーの意向で決めることができるからです。民泊用物件として貸し出す際には、部屋を宿泊用にリノベーションする必要がありますが、オーナーならその意思決定が速いので、すぐに稼働させることができます。

一方、分譲マンションを民泊に活用しようとする場合、管理組合に入っていることがネックになります。それは、オーナーが民泊をやりたくても、管理組合から反対の意見が出れば、できなくなるからです。

結論として、隣家や地域とのトラブルになりにくく、オーナーが自らの権限で自由に使える物件が理想という意味では、民泊に適しているのは一棟オーナーということになります。

したがって、都心でも一棟物件を購入できるだけの資力を持っている海外投資家にとって、都内のこのような物件は民泊に向いているということで、好評価を得られる可能性があります。

日本での今後の動向

日本でも民泊が条件付きで合法化されたことによって、丸貸し、つまりホテルや旅館と同様に部屋を独占的に貸切る形で、マンションやアパート、戸建てに泊まることもできるようになりました。

1つ気がかりなのは、従来のホテルや旅館と客の取り合いにならないかという点ですが、これについてはまず問題にならないでしょう。

その理由としては、民泊には、宿泊人数の自由度が高いという特性があるからです。通常のホテルの場合、1室は1人または2人用としてつくられているため、宿泊人数も1人か2人が基本です。一方、民泊はアパートやマンションの一室、もしくは戸建てをまるごと貸切るのが基本であるため、物件の広さに合わせて3～4人、またはそれ以上で泊まることも大いに可能となります。

具体的な例を挙げると、10人のグループで旅行したい中国人観光客がいた場合、日本で1週間程度のグループ旅行を考えているけれども、通常のホテルを予約していたら予算がいくらあっても足りないことになります。そんなとき、10人で1つの民泊に泊まれば、確実に料金を安く抑えることができます。さらに、アジアの旅行者には、三世帯や複数家族で旅行し、できるだけ同じスペースを共有したいので、共有リビングの広い民泊を選ぶという方も少なくありません。

中国に行かれたことがある方なら、駅前に「招待所」とか「旅社」と書かれた看板を多く見かけたことを覚えていると思います。これらは地方からの短期出張者、あるいは出稼ぎ労働者向けの簡易宿泊所です。狭い部屋にベッドとテレビが1台ずつ、トイレやシャワーは共用、場合によっては大勢で寝泊りするだけの本当にシンプルなものですが、1泊1000円しないくらいの安さで泊まれます。このような簡易宿泊施設に泊まるのは決して所得の多い人たちではありませんが、中国人にとっては当たり前の存在として認識されています。彼らにとって、日本の空き家物件はロングステイ旅行者向けの物件としてうってつけに思えるのではないでしょうか。

POINT

- 民家を宿泊用に転用する民泊は、ホテル不足だけでなく、空き家問題の解決策として注目されている。
- 日本では民泊はスタートしたばかりだが、海外では一般的であり、海外投資家も注目している。

04

バリューアップ手法　その２
空き家をシェアハウスに活用する

日本在住外国人事情

前項では、旅行者として日本に短期、あるいは中期滞在する人々向けの受け皿としての物件の民泊活用について説明してきました。

本項では、留学や就業、移民などですでに日本に長期で居住している、あるいはこれから長期で居住しようとしている外国人の受け皿としてのシェアハウスの可能性についてみていきましょう。

現在、日本に３カ月以上滞在して、外国人登録をしている人は約２２５万人います。日本の総人口の約１・８％に相当します。

また、現在日本で暮らす外国人留学生の数は、2015年の日本学生支援機構の調査によると、約20・8万人で、場所は東京が一番多く、また国籍別では中国が9・4万人と全体の約45％を占めています。ついでベトナム3・8万人、ネパール1・6万人、韓国1・5万人、台湾7000人と続いています。

こうした留学生の住宅事情について、同機構の私費外国人留学生生活実態調査によると、留学生の75％は民間アパート・マンションなどを利用しており、学校寮や公的施設の利用者は20％にすぎません。

シェアハウスとは

外国人に人気なのがシェアハウスです。シェアハウスとは、誰かと一部屋を共有（シェア）することです。

外国人留学生の住宅事情の大きな特徴は、友人たちとのルームシェアです。その多くが2〜3人で共同生活することで、日本の高い家賃負担を軽減しています。

私たち日本人にとって、ルームシェアは決して一般的ではなく、トレンド的な意味合いで語られることがありますが、欧米やアジアにかかわらず、海外の若者にとって、ルームシェアはごく普通のことです。たとえば、中国人留学生の多くは、中学・高校時代に相部屋での寮生活を経験しており、大学も寮が多く、民間アパートを借りる場合でも２〜３人でシェアして家賃を節約しています。アメリカの大学生も、一軒家を４〜５人でシェアすることはよくあります。

ワンルームをシェアするのは確かに狭いですが、留学生にとってあまり問題になりません。彼らは生活費をまかなうためにアルバイトに精を出しており、毎日が学校とアルバイトの往復で、部屋は寝るだけの空間でしかありません。そのため、学校とアルバイト先に近いこと、賃料が安いことの方を優先します。たとえば、東京の大久保周辺には、現在、韓国人留学生を対象にした２人ＯＫのゴク狭ワンルームがたくさんあります。

ワンルームに限らず、２ＬＤＫなど多少広さのある物件を、数人でシェアしたいという外国人のニーズは大きいです。たとえば、大分県の不動産会社が、留学生会館から民間の賃貸に移る留学生にアンケートを取ったところ、「友人と一緒に住みたい」という学生が多かったそうです。家賃や光熱費を折半すれば安上がりとなりますし、女子留学生なら親御さんも安心します。

外国人投資家は、外国人入居者をルームシェアで集客して利回りをアップさせるなどのノウハウを持っています。

POINT

- **部屋を複数人でシェアするシェアハウスも、民泊同様、ホテル不足や空き家問題解決策として注目されている。**
- **海外の人たちにとって、シェアハウスは、極めて一般的であり、ニーズは高い。**

05 いわゆる〝ワケあり〟物件への対処法

いわゆる〝ワケあり〟物件とは

ここまで空き家物件のバリューアップの方法として、日本ではまだ歴史の浅い民泊とシェアハウスへの活用を取り上げ、海外投資家がそのノウハウに長けていることについて説明してきました。

そうはいっても、「ウチの物件はそもそも〝ワケあり〟だから、そのような活用はできないよ」とあきらめている人も多いのではないでしょうか。

いわゆる〝ワケあり物件〟とは、殺人事件が起こった物件とか、暴力団の事務所などの嫌悪される施設が隣接する物件だけを意味するのではありません。

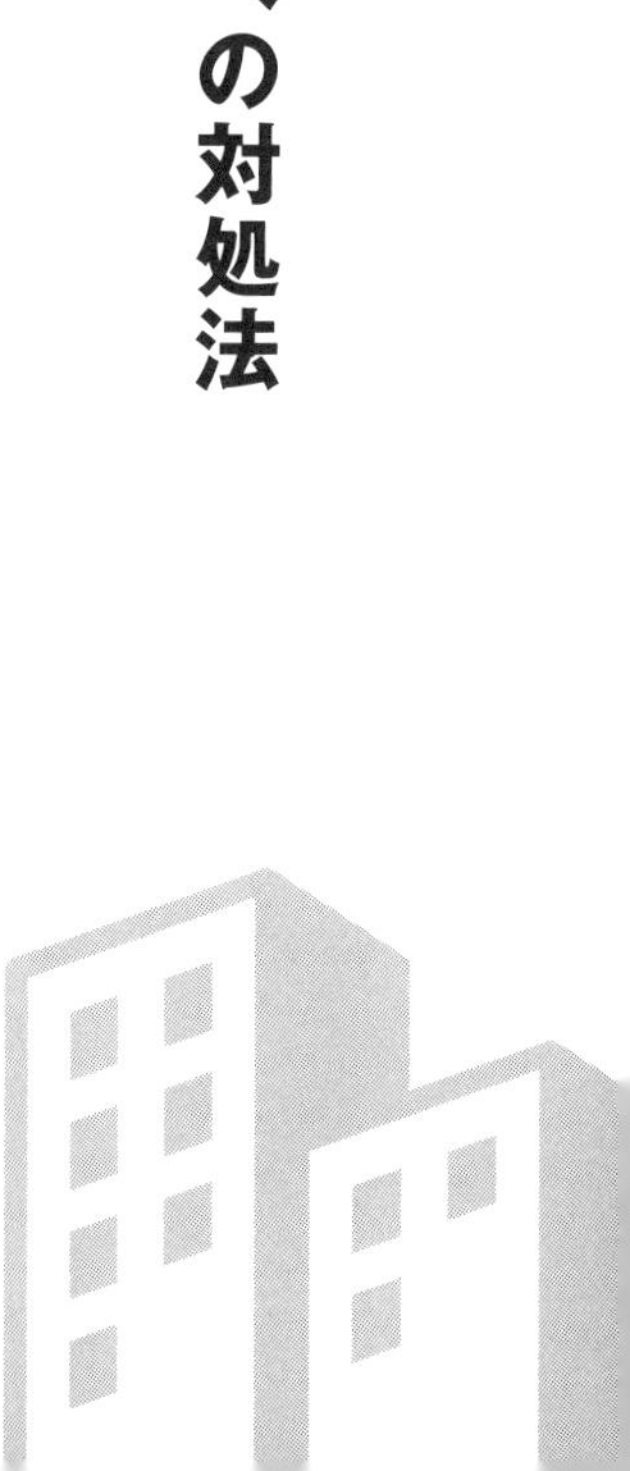

たとえば、駅から遠い、築年数が古い、ごみ収集所が近くにあるといった、買い手が敬遠する悪材料が潜んでいる物件は、たとえ地価相場が上昇中の人気エリアにあっても、買い手に足元を見られて買い叩かれてしまうことが多いです。

そういった状況のもとで、特に収益を生むわけでもない不動産を、売ることもできずに持ち続け、物件は劣化していく一方。

結果として、ますます買い手から敬遠され、年々多額の税金を払い続けるだけ――という状況に苦しむオーナーは後を絶ちません。

すでに目前に迫っている不動産が売れない時代に、ワケあり物件であっても高値で売却する方法は存在しないのでしょうか。

積極的にワケあり不動産の販売を手がけてきた経験から断言できるのは、どんなワケあり物件でも、物件を優良物件に変える巧みな演出に加えて、不動産業者の交渉の進め方次第では、周辺相場より高く売却することが可能だということです。

ワケあり物件を売るには、マイナス面を打ち消せるだけの付加価値を付与し、買い主の抱える問題を解消することが不可欠です。

日本人には不人気な立地でも外国人には〝穴場〟

現在、日本に在住する外国人の国籍別トップは、中国人（台湾を除く）です。

特に留学生の数では、他の国を圧倒し、日本に来ている外国人留学生のうち、実に55％を中国人が占めています。

日本における部屋探しにおける中国人の特徴として、個人間の情報交換が大きなウェイトを占めていることが挙げられます。そうした個人間のネットワークを通じて、不動産会社や物件を紹介し合うケースが多いのです。

また、同じ出身地や親族間のネットワークが強力で、仲間が仲間を呼ぶという具合に、それぞれの地域で同胞のコミュニティをつくりやすいのも中国人の特徴です。

たとえば、埼玉県の川口市は都心からのアクセスも良いですが、かつては鋳物工場が煙を吐き出していたため、環境が良くない街というネガティブなイメージができあがってしまっていました。そのため、好立地の割りに家賃が安いという状況でした。

それが近年、中国人が多く移り住み、小さな中国人コミュニティができあがっています。

その背景として、都内有数の繁華街である池袋や上野から近距離ということが理由に挙げられます。現在、池袋には中国人の経営する店舗が数多くあり、そこで働く中国人が、池袋に近くかつ家賃が安い川口に住むようになり、さらに同胞の友人を呼び寄せて、次第に中国人が増えていったのです。

外国人を数多く雇う企業、工場や店舗がある地域などにも、これは言えます。最寄りの駅まで遠くて、そこから電車通勤する日本人には敬遠されても、その地域で働く外国人にとっては、決して悪い立地ではないのです。

そこに目をつけて、外国人に人気の物件にすることで、物件の稼働率アップに成功して維持できているオーナーや不動産会社も増えています。

海外投資家なら、そうした情報を把握し、活かすノウハウを持っています。

売らずに外国人用賃貸物件として運営してみる

また、客付きが悪い物件の売却を考えている方は、一旦その考えを止め、専ら外国人専用の賃貸物件として、ご自分で運営してみることを検討するのはいかがでしょうか。

外国人に貸すということについて抵抗を持つオーナーは多いのではないかと思います。部屋を汚す、ゴミ出しなどのルールを守らない、夜遅くまで騒いで近所に迷惑をかける、というイメージがあり、挙句の果てに犯罪の温床となる、治安が悪くなる、といった危惧さえ抱く人もいます。

実際、一般的に、日本のオーナーや投資家、不動産会社の多くは、外国人という理由だけで、賃貸物件の入居を断るケースが多いです。

２００２年の日本賃貸住宅管理協会の家主アンケートによると、オーナーが外国人に部屋を賃貸する場合の不安として、生活ルールのトラブルが約60％、そうしたトラブルの対処方法が65・９％となっています。

ところが、そうした不安を抱くようになった要因については、オーナー自身がこれまで実際にそのようなトラブルに見舞われた体験は10％に過ぎず、大半はＴＶ、新聞報道、近隣の噂、何となく不安、知人などのトラブルが話のもとになっているのです。

外国人は自分が理解できない規定や規則、あるいはアパートやマンションの管理規約などについては細かく理由を尋ねてくることが多い一方、きちんと説明を受け、その理由に納得できれば、きちんと守ってくれたりします。

不動産管理会社が、日本のゴミ出しのルールやまた貸し禁止の慣習などを、外国語で説明して理解してもらえば、大半のトラブルは未然に防げるはずです。

これからは、外国人に貸すことへの不安を払拭し、国籍に関係なく、広く入居者を募っていく必要があります。

もちろん最初からすべてがうまくいくわけではないでしょう。不慣れなうちはトラブルが起きる可能性もあります。

しかし、経験を積み重ねるうちに、外国人入居者への対応にも慣れていき、ノウハウもわかってきます。これはどんなビジネスにおいても言えることでしょう。

そして、外国人は、不動産会社にとって、リピーターになることが多いのです。

日本人の場合、部屋探しで重視するのは、自分の気に入った物件かどうかであり、どの不動産会社に依頼するかは二の次です。

しかし、外国人の場合、物件の善し悪しはもちろん大事ですが、自分たちを拒否せずに受け入れてくれる不動産会社であるかどうかが、非常に重要となります。

そのため、彼らからここは良い不動産会社であると思ってもらえると、リピーターになってもらえるし、また友人や知人も紹介してくれます。

だからこそ、外国人にわかりやすい説明や、シンプルな契約の手順、さらには入居後のサポートの充実など、外国人に良いと思ってもらえるサービスを整えることが、とても重要になるのです。

ぜひ表面的なイメージにとらわれず、これまで取り逃してきたお客様をつかむ感覚で、外国人への賃貸を考えてみてください。

POINT

- **日本的な発想では〝ワケあり物件〟でも、海外の投資家から見れば、必ずしもそうではない。**
- **外国人への賃貸は、日本では敬遠されてきたが、これからの時代は大きなビジネスチャンスとなる。**

第5章

オーナーから見た中国人に売るメリット

不動産オーナーからすると、外国人とくに中国人に物件を買ってもらうことにいまーつ気が乗らないという方もいるかもしれません。本当に信頼していいのかわからない、日本語でしかコミュニケーションが取れないなど、中国人を敬遠するオーナーの方々の気持ちも理解できます。実際、そういった悩みを抱える方が多いです。

しかし、多くの人がこう感じているからこそ、中国人に抵抗なく対応できるようになれば、他の不動産オーナーより一歩先を行くことが可能になります。そこでこの章では、中国人に売るにあたってのメリットをできるだけお伝えしていきたいと思います。

01 高額の物件でも、キャッシュで一括購入することが多い

中国人投資家の資金力

　中国人投資家に多いのが、大量のキャッシュを持参して一括購入するというスタイルです。オーナーや売り手の不動産業者にとっては、その場でキャッシュが得られることは大きなメリットとなります。ここでは中国人投資家がキャッシュで一括購入をする理由と、富裕層の特性を解説し、オーナーの方々の中国人に対する不安を、少しでも払拭できればと思います。

　日本人の場合、不動産を現金で一括購入する人の割合は5％ほどと言われており、そのほとんどが大型物件の購入です。８０００万円以上の家を検討する人の中には、一括払い

でと考えている方が一定数いるということです。逆に２０００～４０００万円程度の物件の場合はほとんどがローン支払いです。

この傾向から察するに、お金を持っている人ほど現金一括で高価な物件を買い、一般的な家庭ほどローンを組んでそこそこの家に住んでいる、ということがわかります。そして、お金を持っている人ほど、運用可能なお金で投資用の物件を売買する割合が高くなります。

これは中国人でも同様です。そもそも投資家になる人はそれなりの資金を持っていることが大前提にあります。中国人はかなりの人数が投資家になっているという印象がありますが、中国の巨大な人口を考えれば当然の話です。人口の10％だけでも日本の総人口を超えているのですから、お金持ちになる人も当然たくさんいるわけです。

富裕層の数は日本の３倍

富裕層の人数は日本の１１２万５０００人に対し、中国は３６１万３０００人です。人口比では日本の方が多いですが、絶対数では日本の３倍を軽く超える数の富裕層がいるということになります。ちなみに富裕層数世界一はアメリカですが、増加率では中国が圧倒しており、今も急速に伸びていることは間違いありません。中国人投資家が異常に多いように感じる私たちの肌感覚もうなずけます。

中国人投資家たちはそうした富裕層、もしくはそれより資金力は落ちますが日本の人口に相当する中間層であることがほとんどです。中間層の人たちも富裕層より劣るとはいえ、投資に充てる資金力は十分に持っています。

また第2章でも説明したように、中国人は少額でも日常的に金融商品などに投資をする習慣があります。単にお金が余っている人が投資に回しているだけではないのです。それゆえ、投資家の割合も日本人よりはるかに高いのでしょう。現在の生活のこと、将来のこと、子どもの教育のこと、様々な目的を持って投資を始めます。投資慣れした中国人だからこそ、投資に対する恐怖心はあまりなく、強気に一括払いができるという面は見逃せません。

富裕層の精神的成熟

資金力があるのはいいのですが、最近は「爆買い」をしていく中国人観光客のマナーの悪さが社会問題化しています。不動産を買う投資家の中にも、こうしたマナーの悪い人がいるのではないかというのが、心配事の中でも多い悩みではないでしょうか。

結論から言うと、最近の中国人は富裕層を中心にかなり精神的成熟が進んでいます。

従来言われてきたマナーの悪い客というのは、そもそも「マナー」という言葉を知らず、その感覚も持っていないのです。中国には「権力があれば何をやってもいい」という傾向がありました。力を持っていると周囲から思われていれば、多少の失礼な行動は許されるという風潮です。

多くの中国人が自己アピールを欠かさないのはそのためで、別に失礼なことをしようと思っているわけではないのです。過去の日本人も、海外旅行先でその国の常識をわきまえずに行動して批判されたことがありました。事実、順番を守らない、ポイ捨てをするなどの行為は中国では今も当たり前に行われているのです。私は決して、「それが当然の行為だから大目に見ないといけない」ということを言っているのではありません。それが彼らの「常識」なのです。

とくに最近になって急成長した成り上がりのお金持ちは、それまで海外旅行に行く余裕がなかった人たちです。資金をつくってようやく来られるようになった日本で、自分の力を見せつけるため、大量に買い込んで帰りたいという気持ちもあります。世界や日本で通用するルールを知らないこともちろんあります。そうなるとやはり、この人たちが中国人のイメージを落としてしまっている面は否めません。

しかし、富裕層の人たちはすでに何度も海外旅行に行っていますし、海外のネットワークを持っているので、世界基準のマナーをわきまえている人が多いです。日本への旅行や投資がブームとなる以前から訪日したことがあり、日本の雰囲気も知っているため、日本人に失礼なことはしません。こうした人たちは過度な自己主張をせず、マナーの悪い中国人とは一線を画しています。実際に彼らと接すると、かなりおとなしい人たち、という印象を受けます。そして彼らもまた、マナーの悪い自国の人々を見て辟易しているのです。

また富裕層の人たちは投資慣れもしているため、購入するときも非常にスマートです。きちんとした話ができる人たちなので、こうした人たちならば取引しても心配はあまりありません。

このように中国でも経済成長に伴って、少しずつ人材のレベルも上昇しているのです。今後中国も日本のような成熟した社会になってくれれば、今マナーの悪さを指摘されている観光客も徐々に改善されていくと思います。

POINT

- 中国人投資家の資金力は、都内の億単位の物件を現金一括で買えるくらい強い。
- 中国人富裕層は中国社会でも上流に属するので、中国人によく見られるマナー知らずではない。

02 とにかく意思決定がスピーディ、イエス・ノーが明確

日常的な情報収集

中国人の特徴は、意思決定がスピーディなことです。物件の下見から購入決定までが非常に速いのです。ここではその理由を、中国人投資家の背景と絡めてお話ししていきます。

中国人はなぜ意思決定が速いのでしょうか。まずなんといっても所有しているキャッシュの額が半端ではありません。資金の物理的な量を相手に見せることができるため、その場で購入を決められるのです。その場で決めるためにキャッシュを多く持っている、と言うこともできます。

また中国人投資家が日本の物件を買う場合、親日家であることが多いのです。日本が好

きでよく旅行に来る、そのときに街の雰囲気も人が集まるところも実感しており、よくわかっています。とくに都心や観光地は中国人がよく訪れる土地なので、投資用の物件探しをする前にも買い物に来たことがあるということが珍しくありません。そうして土地を見慣れていると、金額を聞いただけで納得できる・できないが瞬時に判断できるのです。

そうした日常的な情報収集が、購入の意思決定を速める要因になっています。つまり中国人がよく行く場所であることは、購入を決める際に大切なポイントとなります。

また彼らは、予算を決めて来ているという話を第3章でしました。予算内で納得のいく物件があれば購入は速いのです。これは、日本人に売るよりもメリットがある場合が多いでしょう。

なぜかというと、彼らには「予算」があるので、どんなに魅力的でも予算を大幅にオーバーしていればすぐに「ノー」と言います。逆に、予算内でお得感があれば「イエス」となるのです。中国人の中で日本の物件は格安感があることはお話ししました。日本人の場合、そんなことは感じないのでぼんやりとした感覚で高い・安いを判断しますし、値上げをすると敬遠されます。

このような状況を考えると、もし同じ物件を勧めたときに、中国人の方が日本人よりも高値で決めてくれる可能性が高いということが推測できます。実際に、相場では15億円くらいと思われていた物件が、中国人に20億円で買われた事例がありました。中国人投資家には、金額の相場のほかにも独自の基準があるため、それらを満たしていれば多少強気に価格設定しても購入にいたることが多いのです。

企業の進出用の投資

数十年前から日系企業が次々と中国進出を推進してきましたが、近年はその勢いは止まり、撤退する企業も増えてきています。それとは逆に、中国の富裕層である経営者には、日本に進出していきたいと考えている人、実際に進出している企業がたくさんあります。インバウンドの流れはビジネス上でも加速しているのです。

中国人が日本に進出するパターンは大きく4つあります。

〈日系企業を買収する〉

財務面・法務面で調査する必要はあるものの、最もベーシックで簡単なやり方です。すでに事業をしている企業を取り込むため、市場の動向などの情報も取り込みやすく、その後の展開が容易にできます。新しく事務所を用意する場合もありますが、買収した企業の既存の事務所を改築・増築して使用する場合もあります。

〈日系企業と資本提携する〉

中国企業が日系企業に出資して事業を行います。また、双方が出資をして合弁会社を設立するという方法もあります。出資額は抑えようとするため、お互いに責任を負いながらも、それぞれが独立した状態で事業を行います。この場合、多くが新しい事務所を設置するため、物件が必要になります。

〈日系企業と事業提携する〉

資本提携まではいかずとも、業務提携という形でノウハウを提供しあい、ともに事業を成長させるという方法もあります。自社に足りない部分を補ってもらい、部分的に協力し合うイメージです。提携の濃度は各会社によって違い、人材を行き来させるなどの交流を持つこともあります。

〈子会社を設立する〉

日系企業の力は借りず、中国企業が出資して日本で単独で会社を設立する方法です。中国人だけの企業の場合、最初は事業展開に苦戦することがあるため、日本人を役員に招くなどのテコ入れをすることが多くなります。外国企業が出資するのを規制する法律などが、日本にはとくにありません。そのため、日本の会社法で株式会社、合弁会社などの形態を選択して設立されます。事務所や支店といった拠点になる物件探しは必須です。

外国企業の日本進出に関しては日本には規制する法律がそこまでないため、ハードルは低いのが特徴です。それゆえ、中国企業の日本進出がどんどん進んでいるのです。

ここで見た日本進出の4つのパターンでは、いずれも事務所設立のために物件を確保する必要があります。中国人は見た目や立地の良さを気にする傾向があるので、いい場所にあるいい物件を探します。そのため銀座、六本木、新宿、渋谷などは人気になりますし、部分的に豪華な装飾などがあれば好みます。

事業を行うためには展開の早さも重要です。物件選びも1回の訪問で決めたいのが経営者の気持ちでしょう。不動産業者としてはこうした希望を持つ経営者を見つけられると、よりスピード感のある購入につながります。さらに、日本に進出後、支店を追加する場合でも有名な土地を好みますし、だめなら撤退すればいいと考える人もいますので、意思決定は早くなります。

契約の段階では細かく取り決めを

中国人は意思決定が速いことはお話ししたとおりです。ただし、購入を決めるところまでは速い中国人が神経質になるのが「契約」の段階です。ここはこちらとしても慎重に行う必要があります。

中国人との交渉では細かい金額面はもちろん、契約書に入れる文言も一つひとつ話し合いの上、決めていきます。日本人の場合、トラブルがあったときの対応方法などはあまり話し合われません。そういう話をすると、初めからトラブルが起こる前提じゃないか、とネガティブに考える人が多いためです。中国人はそういった思い込みはなく、淡々と細かいポイントを話し合い、不明瞭な点がないようにしていきます。

契約書を作る際には日本語で作るのが基本ですが、相手に伝わるように中国語でも参考として作っておくことはとても大切です。同じ内容を２つの言語で書くと、どうしてもニュアンス的にずれてしまうことがあります。ですので、そのときは日本語の方を優先させるという取り決めを必ずつくっておきましょう。

株式の譲受の手続きや税制など、日本と中国で制度的な違いがあることの説明も必須です。これらも何かあったときにトラブルの元ですので、契約締結の最後まで気を抜かないでください。

POINT

- **中国人投資家は明確な予算感を持っているので、その範囲内である物件は即断即決で購入する。**
- **最近は、不動産購入だけでなく、日本企業を買収するなどの新しい動きもある。**

03 いわゆる問題物件でも、日本人ほどネガティブに考えない

瑕疵物件の種類

第4章において、ワケあり物件であっても、海外投資家が付加価値を付けて活かすノウハウを持っていることに触れました。こうした物件の取り扱いには多くの方が苦労されていると思います。

本項では、ワケあり物件の中でも、不動産取引において、特に売り主に瑕疵担保責任が課せられる瑕疵物件などの問題物件を中心に、その対処法を取り上げていきます。

問題物件のパターンを確認しつつ、売却手法を見ながら売り手としてのポイントを整理していきたいと思います。

問題物件の代表格が瑕疵《かし》物件です。不動産の瑕疵とは「物理的瑕疵」「心理的瑕疵」「法的瑕疵」「環境的瑕疵」物件の4種類に分類されます。不動産業者には「瑕疵担保責任」があり、こうした瑕疵の内容を購入者に説明し、同意を得なければなりません。

〈物理的瑕疵物件〉
・シロアリの被害がある
・雨漏りがする
・地盤が悪い　など
※物理的とはいえ、一見してみただけではわからない場合もあるので、調査はしておいたほうが良い。

〈心理的瑕疵物件〉
・住人の自殺があった
・家の中で殺人があった
・住人が孤独死していた　など

※問題物件と言われて一番乗り越えにくいのがこれ。人間は感情で動くものなので、縁起が悪い、幽霊が出るなどのうわさも倍々に広がってしまうと厳しい。

〈法的瑕疵物件〉

・建築基準法違反がある
・消防法違反がある
・都市計画法などで自由な使用が制限されている　など

※住人が安全で自由に生活できる保証がないため、自宅用としてはおすすめできない。

〈環境的瑕疵物件〉

・周辺に工場などの騒音や振動を起こす施設がある
・ごみなどの悪臭がある
・周辺に暴力団事務所がある（これは心理的瑕疵に含まれることもある）　など

※心理的瑕疵と似たような理由で敬遠する人が多いが、住民の声が上がれば今後改善されていく可能性は高い。

こうした問題物件は不動産市場で人気がないため、なかなか売却できません。もちろん価格を値下げすれば、相場と比較して割安な物件ということで誰かが購入してくれるかもしれません。しかし、不動産オーナーにとってはせっかくの資産の価値が下がることを意味するため、心情的にもなかなか難しいでしょう。

また、買い手だけでなく不動産業者にも人気がないことが一般的です。

不動産業者は、売り主の依頼を受けてその物件を購入してくれるお客様を探しますが、こうした仲介ビジネスは契約が成立したときにはじめて報酬が入るため、売れない不人気物件に対してあまり積極的ではありません。

人気物件であれば、売り主から依頼された物件について自分で買い主を見つけて取引を成約させることもできますし、そうすると売り主と買い主の両方から仲介手数料をいただくことができます。片手取引ではなく、いわゆる両手取引と呼ばれるものです。大手の有名不動産会社のなかには、こうした両手取引の方が割合として多くなっているところもあります。

リフォームとリノベーションで物件をよみがえらせる

では、不人気物件を売ることは難しいとあきらめて、安値で買い叩かれることしかできないのでしょうか。

この解決策としては、不動産オーナーが自分の所有する物件について、何が売れない原因となっているのかをきちんと理解し、そのマイナス面をカバーできる工夫をすることが必要となります。

たとえば、物理的瑕疵物件には、雨漏りがしたり建付けが悪いといった築年数が古くて老朽化した物件がよく見受けられます。

実は、なかなか売れない不人気物件の代表格が、こういった設備の老朽化した物件なのです。外装の塗装が剥げていたり、壁紙が煙草のヤニで汚れていたり、マンションの共用廊下の照明灯が古臭いデザインでくたびれていたりと、外装や内観が汚れている物件はたとえ築浅であっても入居者がつくのに時間がかかるでしょう。

築数十年の木造住宅や木造アパートで、相場よりもかなり安値なのに売れない物件については、費用はかかっても解体して更地にしてしまうことが非常に有効な策となります。ぼろぼろの建物でも取り壊すのはもったいないから、あるいは固定資産税が6倍になるからといった理由で放置し、そのまま売れずに税金を払い続けるのはあまり賢明ではありません。上物（建物）は老朽化していても、土地には価値があるのは当然なのですが、見た目の建物のイメージに引っ張られて買い手がつかないといった事例はよくあります。

また、見た目が悪くても手直しをすれば見栄えが良くなるような物件であれば、リフォームやリノベーションが有効となります。

中古住宅において最も痛みやすい水回りの設備などの修繕は厄介ですが、部屋の壁紙やフローリング、マンションの玄関口や廊下を、若者に人気のデザインに改装することで、入居率が格段に上がった事例はめずらしくありません。見た目の印象は馬鹿にはできないのです。仕事で大事なお得意様や、入社試験の面接などに向かうときは、誰でも身なりに気を遣うものですが、不動産に関してはそうした意識をあまり持たれないオーナーが多いようです。

もちろん、簡単なリフォームで見違えるような状態になれば理想的なのですが、買い手がつかないまま築年数が相当経過した物件は、大規模なリフォームやリノベーションが必要となることも多いでしょう。ただでさえ収益を生まない物件を抱え、税金の支払いに追われて精一杯であるオーナーにとって、そうした初期投資に数百万円以上かけるのは大きなリスクに思えるかもしれません。しかし、これは「卵が先か、鶏が先か」の話になるだけです。

考え方次第でバリューアップは可能

第4章でも先述しましたように、海外投資家はこうしたバリューアップの手法に長けています。

彼らにとって先行投資をかけることは、大きなリターンを生み出すために当然のことです。プロの不動産投資家は、不動産は価値があるのだから放っておいても売れるとはまったく考えていません。「不動産」という商品を魅力的に見せるために、多額の資金を費やすリスクを負うことで、それに見合うリターン（運用益、売却益）を得ているのです。一戸建て、マンション一棟から都心の何十億ものオフィスビルやホテルに至るまで、多大な投資を行うことによって高付加価値がついた新しい物件に生まれ変わらせています。

特に中国人投資家は、世界的に張り巡らされたネットワークがあるため、ここ日本でも身内や仲間からの紹介を通じて信頼できる建築施工業者に依頼することで、コストパフォーマンスを加味した物件再生を可能としているようです。

専門家を上手に使う

次に、法的瑕疵物件の事例としては、建蔽率・容積率違反のビルや、接道要件を満たしていない家屋などが比較的多いと思われます。

建築基準法では、用途地域によって、建物の容積率や建蔽率の上限が定められており、建てられる建物の床面積や容積に制限があります。昔はそのあたりの計算が適当で、現在は違法建築物になってしまっていたり、あるいは既存の建築物に対して増改築を繰り返すことで、これをオーバーしてしまっている物件も見受けられます。

こうした違法建築物への監視が緩かった時代には、すでに立っているものに取り壊し命令が出るわけではないため、敷地の割に広い面積を使用できる建物を有効に利用できるといった理由で、あえて買い求める向きもありました。しかし、違法建築物であることに変わりはありませんので、現在は当然取引市場では売りにくい物件となっています。

また、建築基準法には接道義務の規定があり、建物の敷地は原則として幅員4メートル以上の道路に接している必要があります。法律ができる以前から建っている建物は見逃されていますが、もし古い建物を取り壊して新しいものを建てようとすると、建築許可が下りません。

こうした法令（コンプライアンス）違反の物件は大幅に価格を下げられてしまいます。そこで隣の土地を購入して一体化することで、法規制をクリアして再開発が可能となり、相場どおりの価格を回復させることができます。それどころか広い敷地を有効活用できるため、高価格で売却できることもあります。

こうした物件の価値を高めるためには、隣地を購入するのに相当な費用や手間がかかりますし、専門家の助けも必要となります。

もし、収益性の高い物件であれば、隣地の購入はいずれ取引市場に出ると見込んで後回しにし、敷地に比して広い床面積が活用できる利点から、そのままの状態で購入しようとする買い手もいるかもしれません。しかし、こうした違法物件には金融機関は融資を渋るのが一般的です。高い家賃収入が得られる都心の一棟マンションがあったとしても、キャッシュで購入できる日本人はなかなか少ないのが現状でしょう。

海外投資家は、こうした物件の価値を冷静に見極めることができます。そして、前述しましたように、中国人投資家は、その豊富な資金量と日本国内に築かれた広い人的ネットワークを背景にその存在感を増しています。

必要以上に悲観的にならない

さらに、心理的瑕疵物件についても、なるべくなら抱えたくない案件ですが、とくにこれから高齢化社会が進むにつれて高齢者の孤独死は増え、ますます深刻化していきます。

現在一人暮らしをしている65歳以上の高齢者は600万人に上ると言われています。この数字は高齢者のうち女性で約21%、男性で約13%が一人暮らし世帯となっていることを示しています。およそ35年前（1980年）の一人暮らし高齢者は88万人だったことを考えると、とんでもないペースで高齢化、そして高齢者の一人世帯数が増えていることがわかります。

そのような時代の流れの中では、オーナーの方々もこのような物件を抱えることがあるかもしれません。

発見された期間の長さによって費用は変わりますが、部屋のリフォームをして元通りにしたうえで賃料を下げて貸し出すのが一般的かもしれません。しかし、こうした物件の一棟オーナーであれば、こんなときこそ思い切ったリフォームやリノベーションの投資をして、マンション全体のイメージを一新させることも有効です。心理的瑕疵があった部屋は仕方ありませんが、その他の全室の賃料を値上げして、それまで以上の収益を得ることもできるでしょう。

また、第４章でも述べましたように、海外投資家は日本人オーナーと違って外国人向けの賃貸にも前向きですが、外国人の入居者の場合はこうした何らかの瑕疵があっても安い方がいいと考える傾向にあります。用途が自己居住用でもオフィス用でも、同様です。

時間がたってほとぼりが冷めれば、価値は復活すると考える人もいます。

とくに中国人は日本人とは違う基準で物件を選んでいることが少なくありません。私たちが「なぜ？」と思うところでも、独自の目利き力で購入していきます。

つまり、一口に問題物件に代表されるような不人気物件といってもピンキリで、買う人の状況にも左右されるものなので、必要以上に悲観的になることはないということです。

程度によっては逆にチャンスが広がることさえあるので、決めつけないことが大切です。

POINT

- **問題物件に対して、中国人は日本人ほどナーバスにならず、むしろ割安物件のように捉える。**
- **問題物件を抱えている日本人オーナー・投資家は、中国人への売却を検討するべきである。**

04 一度取引関係ができれば、中国人ネットワークを利用できる

ここまで中国人に物件を売るときのメリットとして、

- **キャッシュで一括購入してくれること**
- **日本人よりも高値ですばやく買ってくれること**
- **問題物件でも日本人ほど気にせずに買ってくれること**

などの点があることをお話ししてきました。

これらはすべて購入時のメリットですが、もうひとつお伝えしたいのは、購入後に継続的に得られるメリットです。それは、彼らのネットワークを利用できる点です。この項では中国人のネットワークがどんな力を持つのか、詳しくお話ししていきたいと思います。

中国人はネットワークができやすい

中国人のネットワークと言えば、移民たちで作られる「華僑ネットワーク」が有名です。華僑とは、中国国籍のまま他国に移住している人々のことを言います。世界に住む華僑は4000万人以上おり、そのうち3000万人がアジア・太平洋地域に、400万人以上がアメリカに住んでいます。

アジアではインドネシア、タイ、マレーシア、シンガポールなどを中心に移民しており、彼らは互いに協力し合い、組織立ってロビー活動などにも力を入れているのです。

なぜ華僑がこんなにも多いのかというと、それには歴史的な背景があります。古くは18世紀中ごろから、アヘン戦争が起こったことや貧困的な理由で出稼ぎなどの目的で国外へ出ていきました。移民先の多くが東南アジアやアメリカでした。

20世紀に入ると今度は中国国内の内戦があり、加えて第一次、第二次世界大戦が起こったことです。自分が巻き込まれるのを恐れて、多くの中国人が避難していきました。家族のうちの数人でも他国に避難することで、のちに親族を呼び込むための布石になり、海外に資産を逃がすことにもなります。

18世紀の移民と違うのが、彼らの社会的属性です。18世紀のころは農民や漁師などの貧困層が中心でしたが、20世紀に入ってからは、政治家や資産家など上流階級がこぞって国外に退避しました。この人たちが現在の華僑ネットワークの中核を担っています。

中国の経済成長が進んだ現在は、エリート層が留学やより良い生活環境を求めて先進国を中心に移民しています。この層はすでに移民していた先ほどの華僑ネットワークに支えられながら、自らの事業や投資に利用しているのです。

以上のように、中国人には移民とのネットワークが古くから構築されているため、新たな移民も生まれやすく、ネットワークは拡大を続けています。

また、中国人がネットワークをつくる理由には、太古から貨幣経済に慣れてきて、商売感覚が身についているからという考え方もあります。商売をうまくいかせるためには人脈は不可欠であることから、自然とネットワークが強化されていくという理屈です。

「世界華商大会」という華僑が集まるイベントが１９９１年から1年おきに開催されていますが、これはその最たるものです。「華商」とは中華系の商人、つまり経営者や財界人などを表しています。ちなみに２０１５年にインドネシアのバリ島で行われた第13回大会の案内文にはこう書かれています。

「大会を通じて、世界各国の華商精鋭と交流ができると同時に、新しいビジネスチャンスを見出す貴重な機会になると思いますので、奮ってご参加頂きますようお願い申し上げます。」（第13回世界華商大会案内第２版より）

見てのとおり、定期的に商人が集まりコミュニケーションをとることによって、世界的ビジネスにつなげようという意図がはじめからあり、これが華僑の結束を強めているのです。一方で、海外に住んでいる日本人には華僑のような広範で強固なネットワークはありません。

つながりがモノをいう中国人社会では、人脈の広さがその人の実力であると言われますが、このようなデータを見て納得していただけると思います。第２章でも説明したとおり、紹介を重んじる中国人には、彼らのネットワーク内の誰かと知り合いであることが契約の成否を決めることもあるのです。

中国人とのビジネスネットワークを築いておくべき

中国人のネットワーク性をうまく利用した企業の例として、塗料メーカーの「日本ペイント」があります。日本ペイントの最初の海外進出は東南アジアでしたが、そこでの成功を機に中国進出しました。その時に利用したのが華僑の代理店です。代理店というネットワークを経由したことで、日本の企業だということを表に出さずに運営する方法をとることになり、結果的に成功しています。

その他、資生堂やキヤノンが現地での販売において中国人オーナーを募集し、フランチャイズ化した店舗を出しているなど、中国人ネットワークを利用して成功している日本企業の例が数多くあります。

このように不動産業界に限らず、ビジネスを広く展開しようと考える場合には、ネットワークができやすい中国人の特性を利用しない手はありません。なにしろ人口が多いわけですから、コミュニケーションがとれる中国人経営者などが少数でもいれば、その人が起点となって代理店や仲介人のような役割を担ってくれ、ビジネスチャンスは広がっていくものと思います。

たとえば、先ほどの「世界華商大会」などで結束を強めている人たちの間では、新たに日本に移住したい人がいたら、先に住んでいる華僑が不動産屋を紹介する、などの協力体制が出来上がっているのです。これを利用して、実際に日本に在住する中国人に対してネットワークを築き、不動産コンサルティングなどにつなげている日本の国内不動産会社も少しずつ増えています。

中国人投資家とのつながりが武器になる

これは多くの日本企業にあてはまることですが、日本企業の場合、中国企業と比較してスピード感があまり感じられません。中国や韓国の企業は、とにかくいい案があればやってみて、失敗しても次に成功させればいいという考えなので、売れそうなものがあればすぐに取り組みますし、外国にも進出していきます。日本である程度売れているところほど、失敗を恐れて動きが鈍くなるのです。

そうこうしている間に、他国の企業にシェアを奪われ、自らビジネスチャンスを失ってしまいます。こうした流れは、国内でもあてはまる部分があります。

積極的に事業を拡大したり、外国人を採用したり、海外の方向けの事業を興そうとしている企業が生き残り、そうでない企業が淘汰される。不動産業界にも今後こういったことがどんどん出てくると思うのです。

生き残るためには、積極的に外を向き、ネットワークをつくっておくことです。中国人はこれまで述べてきたとおり、ネットワークを築くメリットがとても大きい人たちです。彼らに物件を売り、別の中国人を紹介してもらい、また投資してもらう。やり方次第では、日本人の紹介を増やすよりも効果があるのではないでしょうか。

中国人投資家とのつながりが、これからの不動産業界には必要なのです。

POINT

- **中国人は歴史的に世界中に広がり、グローバルなネットワークを構築してきた。**
- **このような中国人ネットワークの中に入ることは、計り知れない人脈を得ることになる。**

第6章

外国人との取引手続きの概要と交渉する際の注意事項

中国人を含む外国人に日本の不動産を売却する際には、日本人に不動産を売却するときとは少し異なる手続きが必要となります。基本的には、仲介業者が間に入ってくれるので、不動産オーナーが手続きの細部まで理解しておく必要はありません。しかし、あらかじめ概要を把握しておけば、トラブルを未然に防ぐことができます。

本章では、外国人投資家を相手に不動産取引をする際の注意事項についてまとめました。ぜひ、取引の際の参考にしてください。

01

基本知識編 ～最も重要なのは住所確認～

外国人にオープンな日本の不動産市場

不動産取引とは、土地や建物などの不動産を取引することです。主に賃貸と売買に区別されますが、ここではとくに売買に関する手続きについて解説します。

結論から言うと、原則として、日本で不動産取引をするにあたり、外国人であることによる法律上の権利制限はありません。つまり、日本人でも外国人でも、市場経済の中で自由に不動産取引を行うことができます。

日本には、１９２５年（大正14年）に制定された「外国人土地法」があります。この法律は、外国人が日本の土地を購入することを制限するものではなく、原則として自由に取

引できる立場をとっています。

ただし、より厳密に言えば、以下の2つの場合においては、外国人による土地の取得を制限するとしています。

①ある国が日本人（法人を含みます）に対して土地に関する権利の享有を禁止し、又は条件若しくは制限を付しているときは、その当該国の国民（法人も含みます）に対し「勅令」をもって、同一若しくは類似の処置をとることができる（外国人土地法第1条）

②わが国の国防上必要な地区については「勅令」をもって、外国人が土地に関する権利を取得することを禁止し、または条件若しくは制限を付することができる（外国人土地法第4条）

ただし、外国人土地法第1条（①）の勅令や政令は、過去、発せられたことがありません。また、外国人土地法第4条（②）の勅令は、「外国人土地法施行令」によって施行されましたが、1945年（昭和20年）10月24日の勅令第598号で廃止されています。

以上のように、日本には「外国人土地法」という法律があるものの、外国人の不動産取得をなんら制限するものではありません。このことから日本では、法律上、外国人が不動産取引を自由に行えると考えていいでしょう。

外国人が日本の不動産を購入する際の手続き上の注意点

では、日本で外国人が不動産を購入するにあたり、日本人と外国人では違いがないのでしょうか。そうではありません。もっとも大きな相違点は、①「住所確認」、②「本人確認」、③「外国為替及び外国貿易法（外為法）上の届出」、④「納税管理人の届出」の4点です。

①住所確認書類

日本においては、不動産売買契約を締結しても、買主がその所有権を第三者に対抗することはできません。真の権利者であると主張するためには、法務局で不動産売買の登記手続きを行い、本人が所有権登記名義人となる必要があります。その登記申請に必要な書類のうち、外国人が日本の不動産を購入する際に手間がかかるのが住所証明書（住民票）

です。

そもそも外国人の場合、韓国と台湾以外、日本でいう住民票制度がある国は存在しません。韓国では住民登録証明書、台湾では戸籍謄本が日本における住民票の代わりになります。それ以外の国の場合は、当該外国人が所属する国の官公署の証明にかかる書面、あるいは当該国所属の公証人の認証による「宣誓供述書」が必要となります。宣誓供述書に記載すべき内容としては、本人の氏名、生年月日、性別、及び本国のどこに住所を有しているかが必要となります。また、日本の法務局に提出する書類はすべて日本語でなければならないため、日本語による宣誓供述書の翻訳文も添付しなければなりません。

公証人により宣誓供述書を認証してもらう場合は、通常は不動産登記手続きの依頼を受けた司法書士が作成した宣誓供述書をもって、外国人の買主が本国または第三国において当該国所属の公証人から認証を受けることになります。また、在日の当該国大使館領事部においても宣誓供述書の認証を認めている国は多いので、事前に問い合わせをしておいた方がよいでしょう。

なお、中国人が買主となるケースですが、公証書とよばれる宣誓供述書を中国本土の公証人に認証してもらうことが一般的です。ただし、香港在住の中国人である場合には、公証人に認証してもらう方法ですと費用や時間が余分にかかるようです。

ただし、外国人であっても、日本の在留外国人数223万人のうち半分以上を占める中国人や韓国・朝鮮人の方々をはじめ、中長期在留者や特別永住者である場合は、市町村で外国人住民票を取得することができるため、住所確認のために特別な手続きは不要となります。

買主が法人の場合であれば、当該国の所轄官公署が発行した「法人登録証明書」をもって、住所証明書とすることも可能です。ほとんどの国において、法人登記または登録制度は整備されています。または、会社の本店、商号並びに代表者である旨について、当該法人の代表者が本国の所轄官公署の担当者または公証人の面前で宣誓した認証がある宣誓供述書をもって、住所を証する書面とすることもできます。

ただし、民法第35条に定められた「認許された外国法人」でないと、買主として当該外国法人の名義で登記することはできないことに注意が必要です。日本に事務所を設けていない外国法人が日本の不動産を取得するときは、外国法の規定や定款、官憲の証明書などから審査されることになりますので、事前に法務局に問い合わせをしておいた方がよいでしょう。

このように、日本人であれば容易に行える住所確認も、買主が外国人または外国法人である場合には大きな手間となる場合があります。

②本人確認

日本の不動産売買の登記手続きにおいて、外国人が当事者となる場合でも日本人と同様に、司法書士が売買当事者（売主及び買主）について、本人確認をする必要があります。犯罪収益移転防止法が立法化されたことにより、不動産売買における所有権移転登記手続きは特定取引とみなされ、本人が実在しており、なりすましではなく真の売買当事者であることなどを確認することが義務づけられています。

海外在住の外国人が買主となる場合は、本人確認はどのようにして行えばよいでしょうか。

登記手続きは、不動産の売買契約が締結された後、買主が売り主に対して売買代金の残りの全額を支払う手続き（決済）と同日に行われるのが原則となります。司法書士の立ち合いのもと、多くは銀行や不動産業者の事務所で行われます。

本人が決済当日に来日できる場合は、パスポートなど本人確認できる証明書の原本を提示してもらい、その写しも受領したうえで、委任状など必要書類に本人の署名をしてもらいます。

ただし、外国人が日本国内で売買契約を締結した場合でも、決済当日は本国に帰国してしまって立ち会えないケースもあり得ます。そのため、本人が日本に滞在しているうちに、司法書士が日本国内で外国人当事者に直接会って、事前に本人確認を済ませておくことが好ましいとされています。

もちろん、本人が来日しないで、代理人を立てて不動産の売買契約を締結することもあるでしょう。その場合は、まず書面上としては、本人のパスポートなど本人確認できる証明書の写しや代理人の身分証明書の原本、本人から代理人への「当該国所属の公証人の認証がある委任状」の原本などを確認し、買主の本人確認及び本件物件を購入するという意思確認をしなければなりません。

また、このように本人にやむを得ず直接会えない場合には、当該案件の諸状況によって適正な本人確認の手段は異なりますが、電話やウェブカメラ付きのスカイプ、本人受取限定郵便などの方法を用いて、本人確認をしなければなりません。ただし、何の前触れもなく連絡しても怪しまれることもあるでしょうから、代理人を立てているときは、予め司法書士から本人に確認がある旨を伝えておいてもらった方が賢明です。

③外国為替及び外国貿易法（外為法）上の届出

日本の不動産登記手続きにおいて、外国人（外国籍含む）や海外在住の日本人、外国法人などを取り扱う渉外手続きには、非居住者や外国人投資家が関係する事例がきわめて多くなりますが、こうした渉外事例に特有の問題もからんできます。

海外在住の外国人や外国法人などが日本国内の不動産を取得する場合、外為法上の「資本取引」に該当します。資本取引を行う場合には、日本銀行を経て財務大臣にその旨を事後報告しなければならないとされています（当該取引を行った日より20日以内）。

取引の対象は売買だけでなく相続や遺贈も含まれ、対価が少額の場合でも報告しなければなりません。

報告は、日本銀行国際局国際収支課外為法手続グループ50番の窓口（支店の場合は営業課または総務課窓口）に対して、書面で行います。郵送や代理人（委任状不要）による提出も可能です。書面は日本銀行のホームページからダウンロードできます

参考：日本銀行　https://www.boj.or.jp/about/services/tame/

ただし、以下の場合には報告しなくてもいいとされています。
・非居住者本人又は当該非居住者の親族若しくは使用人その他の従業員の居住用目的で取得した場合（外為報告省令5条2項⑩イ）
・日本国内において非営利目的の事業を行なう非居住者が、当該業務遂行のため取得した場合（外為報告省令5条2項⑩ロ）
・非居住者が本人の事務所用として取得した場合（外為報告省令5条2項⑩ハ）
・非居住者が他の非居住者から不動産を取得する場合（外為報告省令5条2項⑩ニ）

④納税管理人の届出

外国人が日本の不動産を取得した場合でも、日本人と同様に、不動産取得税や固定資産税、都市計画税などの税金を納めなければなりません。

海外在住の外国人が、不動産の所有に関する納税、所有している不動産の収益（賃貸収入）に関する納税をするために、「納税管理人制度」を活用することができます。

当該不動産の管轄地である税務署や地方自治体の納税窓口あてに、本人が選任した納税管理人の届出をしておくことによって、その管理人が代わりに納税通知を受け取り、確定申告や税金の納付をしてくれることになります。

この納税管理人を選任しておかないと、たとえば事後に都税事務所または県税事務所から当該不動産登記手続きをした司法書士あてに、納税管理人を知らないかどうかの質問書が届くなど、納税手続きに混乱が生じる可能性もあります。

納税管理人は、個人や法人、司法書士でも構いませんので、スムーズな手続きのためにも、あらかじめ「納税管理人」を定めておかれるとよいでしょう。

参考：海外転勤と納税管理人の選任（国税庁）　https://www.nta.go.jp/taxanswer/shotoku/1923.htm）

具体的な取引の手順や内容については、この後の「04　契約編」「05　入金&登記編」で詳しく解説します。

ローンの現状と契約手続き

不動産取引は高額である場合が多いため、日本人投資家の多くはローン（あるいは借り入れ）によって売買契約を締結しています。事実、現金で数千万円〜数億円規模のお金を動かせる個人は少ないため、当然と言えば当然です。

では、外国人でも日本の銀行から融資を受けることは可能なのでしょうか。現状においては、難しいのが実情です。理由としては、いわゆる「邦銀」と呼ばれる日本のメガ・バンクや地方銀行、信用金庫、信用組合は、借り入れ対象者から「非居住者」を外しているからです。

ただし、一部の外資系金融機関やノンバンクでは、非居住者である外国人に対しても融資を行っているところがあります。現時点では、中国銀行（Bank of China）や台湾銀行（Bank of Taiwan）などの外国銀行の日本支店、あるいは三井住友トラストやセゾン・ファンデックスなどのノンバンクが、利率は邦銀より高めとはなりますが、非居住者向けにも融資をしているようです。詳しくは、各金融機関のホームページや窓口で確認してみてください。

また、売買契約を締結する際や、ローンを組む際には、不動産業者や金融機関が「本人確認」をする必要があります。買主である本人自身が来日している場合はパスポートで行えますが、日本にいる代理人に行ってもらう場合には、本人のパスポートの写しや「当該国所属の公証人の認証がある委任状」、代理人の身分証明書の原本などが必要となります。

さらに司法書士による不動産登記手続きの段階においては、前述しましたように、本国にいる当該外国人への電話確認あるいは本人受取限定の郵便確認などによる本人確認義務があります。書類の準備と本人確認には数週間かかることもありますので、あらかじめ留意しておくといいでしょう。

購入時にかかる税金について

購入時の費用として大きいのが税金ですが、買主が外国人である場合も、不動産購入時に発生する税金は同じです。主に「不動産取得税」「登録免許税」「印紙税」の3つがあり、建物部分には「消費税」もかかります。

不動産取得税とは、不動産を取得（売買、贈与、交換、建築など）したときに発生する税金です。こちらは、都道府県が課税する「地方税」となります。税額は、不動産価格（固定資産税評価額）に税率をかけて算出されます。

不動産取得税＝固定資産税評価額×４％

ただし、特例により標準税率が軽減されるなど、実際の額は異なる場合があります。たとえば、平成30年３月31日までは、土地や住宅の取得に適用される税率は３％とされており、宅地の課税標準額も２分の１に減額されています。また、自己居住やセカンドハウス、賃貸用マンションなどを購入したときも一定の要件を満たす場合には、税額控除を受けることができます。詳しくは該当する都道府県のホームページなどで確認してください。

参考：（東京都主税局）http://www.tax.metro.tokyo.jp/shitsumon/tozei/index_f.htm

次に、登録免許税です。登録免許税とは、不動産売買等による所有権移転登記や所有権保存登記、または抵当権設定登記の際にかかる税金です。不動産売買においては、土地または建物の所有権移転登記が必須となります。こちらは、不動産価額（固定資産税評価額）に税率をかけて算出されます。

登録免許税＝固定資産税評価額×２％

ただし、土地については、平成29年３月31日までは、１・５％に軽減されています。

また、新築建物は固定資産税評価額が定まっていないため、管轄法務局の管内新築建物課税標準価格認定基準表の数値で計算することになります。

他の税金と同様に、こちらも軽減税率が適用される場合があります。たとえば、自己居住用住宅を購入したときは、取得後１年以内に登記、登記簿面積50㎡以上、建築後25年以内（耐火建築物は20年以内）などの諸要件を満たせば、中古建物の上記税率は０・３％まで大幅に軽減されています。詳しくは国税庁のホームページ等で確認してください。

参考：登録免許税の税額表（国税庁）https://www.nta.go.jp/taxanswer/inshi/7191.htm

３つ目は印紙税です。これは売買契約書などの契約書にかかる税金です。契約書に記載された金額によって税額が決まります。原則として、収入印紙を契約書に添付し、印鑑を押して納税します。金額については以下のとおりです。

〈不動産の譲渡に関する契約書に記載された契約金額〉

１万円未満……非課税

50万円以下……200円
50万円を超え100万円以下……500円
100万円を超え500万円以下……1000円
500万円を超え1000万円以下……5000円
1000万円を超え5000万円以下……1万円
5000万円を超え1億円以下……3万円
1億円を超え5億円以下……6万円
5億円を超え10億円以下……16万円
10億円を超え50億円以下……32万円
50億円を超えるもの……48万円
契約金額の記載のないもの……200円

こちらは契約金額が一定額を超えるものについて、平成26年4月1日から平成30年3月31日までの軽減措置が適用された税率で掲載しています。詳しくは国税庁のホームページ等で確認してください。

参考：不動産の譲渡、建設工事の請負に関する契約書に係る印紙税の軽減措置（国税庁）https://www.nta.go.jp/taxanswer/inshi/7108.htm

消費税は土地にはかからず、建物部分にのみかかります（平成28年時点で８％）。ただし、購入後に発生する「固定資産税」や「都市計画税」が、消費税の課税対象に含まれる場合があるので注意が必要です。

その理由は、固定資産税および都市計画税の納税義務者が1月1日時点の所有者となっているためです。そこで、売主と買主とが日数で按分して支払うことが慣例となっているのですが、買主が支払うのは税金ではなくあくまでも売買代金の一部という扱いになることから、消費税の課税対象となるのです。注意しておきましょう。

ちなみに、固定資産税は「固定資産税評価額×1・4％」、都市計画税は「固定資産税評価額×0・3％（東京23区の場合）」となります。詳しくは各都道府県・市町村のホームページ等を確認してください。

参考：（東京都主税局）http://www.tax.metro.tokyo.jp/shisan/kotei_tosi.html

短期滞在と長期滞在による手続きの違い

外国人投資家が不動産を購入する際に、気になるのが「在留資格による手続きの相違」です。具体的には、短期滞在と中長期滞在それぞれの在留資格によって、手続きがどのように異なるのか、ということです。

まずは、短期滞在の場合から見ていきましょう。短期滞在とは、観光、保養、スポーツ、親族の訪問、見学、講習又は会合への参加、業務連絡その他これらに類する活動のために、日本に短期在留できる資格のことです。在留できる期間は15日・30日・90日の3種類です。人道上やむをえない事情がある場合などを除いて、原則として更新できません。

現行上は、短期在留者は外国人住民票を取得できないため、本人の住所地として海外の住所地または常居所地を登記しなければなりません。つまり、「01 基本知識編」に記載した、当該外国人が所属する国の官公署の証明にかかる住所証明書、あるいは当該国所属の公証人の認証による「宣誓供述書」が必要となります。

一方、中長期滞在の場合はどうなのでしょうか。中長期滞在とは、就労資格、身分または地位による在留資格があるほか、留学や研修などの目的のために認められています。就労資格とは、いわゆる「ワーキングビザ」と呼ばれるもので、経営・管理、技術・人文知識・国際業務、企業内転勤などの目的のため、日本で働くために原則として３カ月から最長５年間まで在留することができます。身分または地位による資格は、永住者や日本人の配偶者、定住者等になります。また、中長期在留者とは別に、入管特例法で認められた特別永住者もいます。

中長期在留者及び特別永住者であれば、外国人住民票を取得することができます。不動産取引の際に必要となる住所を証する書面は、この外国人住民票の写しで対応できるのです。また、各自治体において印鑑を登録すれば、印鑑証明書を発行してもらうことも可能です。

また、中長期滞在者は、外為法上においても居住者として扱われるため、日本の不動産を購入した場合でも、外為法の届出が不要となります。その結果、すでに述べたとおり、不動産取引に関しては日本人とほぼ同様の取り扱いとなります。

外国人住民票については、総務省のページにも詳しく掲載されています。あわせて参考にしてみてください。

参考：外国人住民に係る住民基本台帳制度（総務省）http://www.soumu.go.jp/main_sosiki/jichi_gyousei/c-gyousei/zairyu/

POINT

- **外国人との不動産取引は、基本的に日本人のそれと同じように進められる。**
- **ただし、外国人の「住所確認」は、「宣誓供述書」の提出など若干手間がかかる。**

02

準備編
～まず物件情報を登録する～

投資用か居住用かを確認する

外国人に不動産を売却する場合であっても、その手順や方法は、日本人に不動産を売却する場合とそれほど変わりません。ここからは、「準備」「営業」「契約」「入金&登記」という不動産売買の基本的なプロセスに沿って解説していきます。

通常、不動産を購入する際に、まず考えなければならないことは、「投資用」か「居住用」か、ということです。同じ不動産でも、いずれの目的かによって、選択するべき不動産は大きく異なります。

投資用の不動産とは、いわゆる「収益物件」のことです。「収益」という言葉が入っていることからもわかるとおり、その不動産を所有することによって、賃貸や転売などを経て、収益を生むことを目的とします。一般的に、賃貸経営を行って利益を得ることをインカムゲイン（運用益）、売却によって利益を得ることをキャピタルゲイン（売却益）と言います。

外国人投資家と交渉する際には、大前提として、いずれの目的で購入するのかをヒアリングする必要があります。その結果、より最適な物件を勧めることができるからです。また、用途に応じた物件を紹介することにより、交渉の余地も広がります。

第4章でも紹介したとおり、とくに中国人は問題物件のバリューアップを得意としています。物件の良し悪しだけで判断する必要はありません。投資用かそれとも居住用かを見極めて、有利に交渉を進めていきましょう。

■国内の情報サイトに掲載する

外国人投資家向けでも、日本人向けであっても、まずは国内の情報サイトに登録することが、早期売却の近道となります。日本国内の代表的なサイトとしては、次のようなものがあります。

- 楽待（らくまち）　http://www.rakumachi.jp/
- 健美家（けんびや）　https://www.kenbiya.com/
- スマイティ　http://sumaity.com/
- 不動産なび　http://www.misawa-mrd.com/
- スーモ　http://suumo.jp/
- HOME'S　http://www.homes.co.jp/

これらのサイトを運営している企業は、不動産会社からｗｅｂサービス会社までさまざまですが、それぞれの特徴を見極めつつ、物件を掲載してみるといいでしょう。掲載に関する規約等については、各運営会社に確認してください。

もちろん、サイトに掲載したからと言って、すぐに問い合わせが入るとは限りません。あくまでも売り主を見つけるための手段として活用するようにしてください。必ずしも中国人投資家がチェックしているわけではなくても、日本の代理人が見ている可能性はあります。まずは、より多くの人に見てもらうことが大切なのです。

現地の情報サイトに掲載する

中国人投資家に直接アプローチしたい場合には、中国版グーグルである「百度（バイドゥ）」を使って検索してみるといいでしょう。バイドゥで検索してみるとわかりますが、日本の不動産情報についてもチェックすることができます。

もっとも、中国のサイトに掲載してもらうのはハードルが高いのが実情です。とくに問題なのが、言語の壁です。ある程度中国語がわからなければ、運営会社と交渉することはできません。したがって、まずは国内サイトに掲載するのが無難だと言えるでしょう。

まだ数は少ないですが、外国人投資家向けの国内サイトも存在します。これらの中には、中華圏ユーザーに対応するため、英語だけでなく中国語でも、日本の不動産情報を提供するサイトも出てきています。これは、中国人投資家をはじめとする外国人投資家の存在が、日本の不動産市場でも、重要な位置を占めている証拠です。

今後も、さまざまなサイトが制作される可能性があります。不動産オーナーの方は、日頃からチェックを怠らないように注意しておくことが大切です。場合によっては、サイトに載せたことによって、売却先が早期に見つかるかもしれないのです。

POINT

- **外国人との取引であっても、まず物件情報を業者のホームページにアップすることが重要である。**
- **理想なのは、中国現地の業者のサイトに、中国語で情報をアップすることである。**

03 営業編 ～値引き要求にどう対応するか～

下見のための来日

都心のドラッグストアや家電量販店などで、中国人のグループがせっせと買い物をしているシーンに遭遇したことがある方は多いかと思います。彼らの購入する量は相当です。日本人では考えられないほどの量を一度に購入します。いわゆる〝爆買い〟です。

この傾向は、不動産でも見られています。中国人が日本を訪れる目的は、必ずしも観光や日用品その他の買い物だけではありません。お金がある富裕層の中国人にとっては、日本の不動産もまた爆買いの対象となっています。

最近では、爆買いは少し落ち着いてきたと言われていますが、中国人の訪日旅行者数は

いまだ増加の一途をたどり、彼らの日本の不動産への並々ならぬ投資意欲の高さについては、すでにお話したとおりです。

もっとも、いくら資金が潤沢にあるとは言っても、物件を一度も見ないで購入することは少ないのが実情です。そこで、購入する物件をチェックするために、あるいはいい不動産を見つけるために、中国人投資家が来日しています。つまり、下見に来ているのです。

不動産業者の中には、下見ツアーを行うことによって、日本の不動産を販売しているところもあるようです。この流れは、とくに2020年の東京オリンピックに向けて、加速していくと考えられます。

値引き攻撃には理詰めで対応する

下見に来ている中国人は、いい物件があればその場で購入したいと考えています。そこで、話が進んだ場合も考えておきましょう。つまりは交渉です。

そもそも中国人は、不動産に限らず、交渉事に長けています。とくに、相手の事情を斟酌する傾向にある日本人の場合、中国人投資家の勢いに圧倒されてしまい、不利な条件で契約を結んでしまうこともあるかもしれません。そうならないためにも、いくつかのポイントを理解しておいてください。

まず、売買代金についてですが、中国人は「値引きができて当然」という考えが根本的にあります。場合によっては、契約を結んだあとで、値引き要求をしてくる可能性もあるのです。彼らの値引き交渉に対処する方法はただひとつ。あらかじめ、値引きには応じられないことをはっきりと明言しておくことです。

もちろん、あくまでも交渉事なので、条件によっては値引きしてもいいと考えるかもしれません。その場合には、「どうなったら値引きできるのか」を示しておくことが大切です。この場合にも、「言った・言わない」という状況を避けるために、書面で説明しておいた方がいいでしょう。

また、早く契約を進めるために、最初から安い価格を提示するのも考えものです。何か問題や欠陥があるのではないかと疑われてしまう可能性があります。価格を安く提示する際は、なぜこの価格なのか、理由を伝えることが必要です。

また、手数料などの費用についても、わかるように提示しておくべきです。とくに不動産取引は費用の総額が見えにくいことも多く、後のトラブルを誘発するきっかけとなります。こちらの主張を明確にし、可能な限り情報をオープンにしておくことです。それが、スムーズな交渉のカギになるかと思います。

買付証明書

不動産の購入が決まった場合、「買付証明書」を発行することになります。買付証明書とは、不動産の売買において、購入希望者がその意思を表明するための書面のことです。いわゆる「購入申込書」と同じ性質のものです。

この買付証明書があれば、ひとまず、相手に購入の意思があると判断することができます。したがって、不動産取引の売り手は、契約の内容を把握しておくためにも発行しておいた方が無難です。

ただし、買付証明書には法的拘束力がありません。「買付証明書があるにもかかわらず、契約を反故にされた」と嘆いても後の祭りなのです。「中国人投資家に対しては買付証明書を書かせておけば安心」などといった情報に惑わされないようにしましょう。

大切なのは、安易に買付証明書を発行しないことです。購入の意思が固まっているのかどうか、決断は確かなものなのか、といった確認をしっかりと行ったうえで、発行するようにするべきです。

また、値引き交渉は買付証明書を発行する段階で行うのが通例です。その点も相手にしっかりと説明しつつ、営業および交渉を行うといいでしょう。中国人投資家が相手だからと、手抜かりがないようにしたいところです。

POINT

- **中国人にとって、「値切り」は当然の行為。値切りを断るには、明確な理由を挙げる必要がある。**
- **初めから安い価格を提示することは、怪しまれる可能性があるので、避けたほうがいい。**

04
契約編 ～手付金の習慣がないことも～

契約書の作成および契約の締結

契約の流れについては、日本人が相手でも外国人投資家が相手でも、手順に相違ありません。契約書を作成し、内容に問題がなければ契約を締結します。

本章の冒頭でも述べたとおり、外国人投資家が相手の場合に問題となるのは、住所を証明する書面を用意するシーンです。中長期滞在者であれば外国人住民票が入手できるので問題ありませんが、短期滞在者の場合には、住所証明書や宣誓供述書が必要となります。

さて、日本では常識となっている「手付金」ですが、外国人投資家の方であれば、馴染みがない場合もあります。後でトラブルにならないよう、あらかじめ丁寧に説明しておく

ことが大切です。

手付金の種類について簡単に説明すると、手付金には「証約手付」「解約手付」「違約手付」の3つがあります。このうち、不動産売買契約は解約手付となります。解約手付とは、売買契約を解除する際に、「売主はすでに受けとった手付金の倍額を買主に返すこと」「買主はすでに支払った手付金を放棄する（返還を求めない）こと」を定めたものです。

通常、売買契約を解除することは容易ではありません。例外として、前記の手付解除や瑕疵担保責任による解除、その他特約による解除など、いくつかの場合しか解除できないとされています。売り主となる不動産業者は、その点も含めてしっかりと理解してもらえるよう努めなければなりません。

売買費用の説明

不動産の売買費用についても、日本人向けと外国人向けで違いはありません。おおむね次のとおりです。

〈不動産を購入する場合〉

・仲介手数料
・印紙代
・不動産取得税
・各種清算金（固定資産税、都市計画税、管理費、負担金など）
・住宅ローン費用（※ローンを利用する場合）
・所有権移転、抵当権設定などの登記費用（登録免許税）
・司法書士報酬（登記手続き代行）

〈不動産を売却する場合〉

・仲介手数料
・印紙代
・譲渡所得税および住民税
・抵当権等抹消、登記名義人住所変更などの登記費用（登録免許税※担保権などの抹消や住所変更などが必要な場合）

・司法書士報酬（登記手続き代行）

これらの項目の中には、「重要事項説明」の際に説明するものも含まれています。ただし、契約を進める段階で説明しておかなければ、トラブルにも発展しかねません。事前にきちんと相互の理解を経た後に、契約を結ぶようにしましょう。

契約時に用意するもの

次に、契約時に主に用意するべきものについて確認しておきましょう。買主および売主によって、用意するべきものは異なりますので注意が必要です。

〈買主が用意するもの〉
・印鑑（ローンを利用する場合は実印）
・手付金（現金か預金小切手）
・印紙代

・仲介手数料の半金（残りは決済日払い）
・本人確認書類（運転免許証やパスポートなど）

〈売主が用意するもの〉

・登記済証または登記識別情報（買主に提示）
・実印
・印鑑証明書（発行後3ヶ月以内）
・建築確認済証、検査済証
・固定資産税等納税通知書
・印紙代
・仲介手数料の半金（残りは決済日払い）
・本人確認書類（運転免許証やパスポートなど）
・その他（付帯設備表、管理規約、建築協定書など）

また、買主および売主いずれであっても、代理人を立てることが可能です。その場合に用意しなければならないものは、次のとおりです。

・本人から代理人への委任状（本人の自署と実印を押印）
・本人の印鑑証明書（発行後3カ月以内）
・代理人の印鑑証明書（発行後3カ月以内）と実印
・買主または売主の本人確認書類（運転免許証やパスポートなど）＋代理人の本人確認書類（運転免許証やパスポートなど）

なお、外国人が買主となるときは、中長期在留者や特別永住者に該当しない場合は印鑑登録ができないため、印鑑の代わりに署名（サイン）をすることになります。

POINT

・「手付金」などの慣習がない国もあるので、手付金を要求する場合は、事前に説明しておく。
・契約時に様々な書類が必要となるので、あらかじめ業者に確認し、余裕を持って準備する。

05
入金&登記編
～日銀への報告も忘れないように～

最後に、入金から登記申請後の手続きまでの流れをまとめておきましょう。大きく以下のような5つのステップで、買主側の視点から構成しています。

ステップ1　代金を支払う

中国人投資家の多くは現金で不動産を購入するとされていますが、その理由は、日本の銀行口座を持っていないためです。売買代金を支払う際は、海外送金を利用することが多いでしょう。

ただし、海外送金には相当の日数がかかることに注意しなければなりません。世界中どの国の銀行においても、資金がマネーロンダリングでないかどうかを慎重に審査しているため、1週間以上かかることもあります。このため、事前に、海外から日本国内の不動産会社の預り金口座に振り込んでおいた後、決済日当日にその口座から支払うことが一般的です。

なお、中国からの海外送金や外貨の両替には上限規制がありますが、ここ数年、活況を呈する日本の不動産市場に積極的に投資してきた中国人は、自由に香港などから海外送金ができる富裕層であると言われています。

いずれにせよ、決済処理をスムーズに行うには、あらかじめ売買代金を送金してもらわなければなりません。送金先となる不動産会社に、きちんと確認しておくことが好ましいでしょう。

ステップ2　登記する

不動産の登記に関しては、司法書士が代行する場合がほとんどです。もちろん、自分で行うことも可能ですが、書類の用意や不備があった際の対応など、時間も労力も多分にかかってしまうことが多いのです。

不動産売買における登記手続きは、所有権移転登記が必須となります。必要書面は次のとおりです。

〈売主が用意するもの〉

・登記識別情報または登記済証
・印鑑証明書（発行後3カ月以内）
・固定資産評価証明書（毎年4月1日に変更）
・抵当権等抹消に必要な書類（担保権等が現在設定されている場合）
・登記名義人住所変更に必要な書類（住所変更が必要な場合）

〈買主が用意するもの〉

・住民票
・抵当権等設定に必要な書類（担保権等を新たに設定する場合）
・印鑑証明書（担保権等を新たに設定する場合）
・住宅用家屋証明書（自己居住用で一定の要件を満たすため税率を軽減する場合）

〈司法書士が用意するもの〉
・登記申請書
・登記原因証明情報
・委任状（買主及び売主から司法書士へ登記申請を依頼する委任状）

外国人が買主となる場合は、本章の「01　基本知識編」で先述したように、住民票については当該外国人が所属する国の官公署の証明にかかる書面、あるいは当該国所属の公証人の認証による「宣誓供述書」が必要となります。法人の場合であれば、当該国の所轄官公署が発行した「法人登録証明書」または「宣誓供述書」をもって代用することができます。

■ステップ3　登記識別情報を受け取る

不動産売買の決済が行われた後、おおむね1週間から10日間ほどで不動産の登記識別情報ができあがります。いわゆる権利証ですが、平成17年に新不動産登記法が施行されて権利証制度は廃止されました。

登記識別情報とは、アラビア数字及びアルファベットなどの組み合わせで作成された12文字の情報です。登記が完了すると、法務局から登記識別情報通知と記載された紙が発行されますが、12文字の箇所には目隠しシールが貼られています。

買主が不動産を購入した後、今度は売却しようとするときには、法務局に登記申請する際に、目隠しシールを剥がして、当該12文字の情報をコピーするか、あるいはオンライン上で入力して提示する必要があります。

本人が海外にいる場合には、居住国に郵送するか、管理会社で管理することになります。いずれにせよ、登記識別情報通知書を紛失した場合は再発行されず、売却する際に余分な手続き費用がかかるため、大事に保管した方がよいでしょう。

ステップ４　外為法の届け出をする

「01　基本知識編」でも前述しましたように、海外居住の外国人や外国法人などが日本国内の不動産を取得する場合は、当該取引後20日以内に、日本銀行を経て財務大臣に外為法

上の資本取引に関する報告書を届出しなければならないとされています
報告は、日本銀行国際局国際収支課外為法手続グループ50番の窓口（支店の場合は営業課または総務課窓口）に対して、書面で行います。郵送や代理人（委任状不要）による提出も可能です。書面は日本銀行のホームページからダウンロードできます。
参考：（日本銀行）https://www.boj.or.jp/about/services/tame/
ただし、外為報告省令5条2項⑩イ～ニに、報告が不要となる場合が規定されています。

ステップ5　納税管理人の届け出をする

「01　基本知識編」でも前述しましたように、海外に在住する外国人が日本の不動産を取得した場合は、国内の納税手続き及び確定申告をするため、「納税管理人制度」が活用できます。この制度は、あらかじめ「納税管理人」を置いておくことによって、スムーズな手続きが可能となるものです。

やり方は、不動産の所在地を管轄する税務署及び地方自治体納税窓口あてに「納税管理人届出書」を提出するだけです。複雑な手続きも不要なため、不動産取得後に定めておくといいでしょう。個人でも法人でも構いません。

参考：海外転勤と納税管理人の選任（国税庁）https://www.nta.go.jp/taxanswer/shotoku/1923.htm

POINT

- **中国人の場合、不動産売買の代金を支払う際に、海外送金に時間がかかることに注意する。**
- **海外投資家との不動産取引は、例外ケースを除き、日本銀行への報告義務がある。**

06
外国人との不動産取引における注意事項

日本の法律や制度について理解してもらうこと

中国人をはじめとする一般の外国人は、日本の法律や制度についてほとんど知識がなく、不慣れな場合が多いです。そのため、日本の不動産売買の取引においてはこのような書類が必要となることを、明確に、忍耐強く説明する必要があります。理解と協力を得ることが大切です。

報酬額や諸費用に注意

不動産売買にともない、支払う必要がある税金等はもちろん、司法書士の報酬等の諸費用についても、事前に外国人当事者と話し合って明確な取り決めをしておくべきです。日本の取引慣習は外国人には通用しないケースがほとんどです。そのため、後日、金銭のトラブルが生じるのを防ぐために、事前の話し合いが必要となるのです。

いずれにしても、外国人当事者と事前に明確な取り決めをしておくことは、外国人との不動産取引において重要です。たとえ時間や労力がかかったとしても、細かい点まで理解しているのかどうかを確認しつつ、契約を進めるべきでしょう。

タックス・ヘイブンについて

外国法人が買主となる場合、たとえば香港やシンガポールなどにおいては、タックス・ヘイブンでよく知られているオフショア・カンパニー（Offshore Company）として設立されているケースも珍しくありません。

タックス・ヘイブンとは、日本語で「租税回避地」という意味です。外国資本および外貨獲得のために、意図的に税金を優遇し、企業や富裕層の資産を誘致している国および地域を指します。有名なタックス・ヘイブンの場所として、イギリス領ケイマン諸島やバージン諸島（ＢＶＩ）などのカリブ海の島国が挙げられます。

そうしたオフショア・カンパニーが買主となる場合、住所を証する書面として海外の法人登録証明書を取り寄せる際に、数週間ほどの期間が必要となることも多いのです。

そのため、外国人および外国法人が日本の不動産売買の当事者となる場合には、不動産登記手続をするために相応の時間を要することを、事前にきちんと説明しておきましょう。あらかじめ理解してもらっていれば、トラブルを避けることができます。

POINT

- **外国人は日本の法律や制度について無知であることが多く、必要書類の意味についてきちんと説明する必要がある。**
- **仲介会社に対する報酬も、日本の慣習とは異なることが多いので、事前に打ち合わせを済ませておくことが望ましい。**

07
中国人との交渉時の注意事項
～事前準備は周到に行う～

中国人はみなタフ・ネゴシエイター

中国人といえば、みなさんは、交渉上手、自己主張が強い、契約を反故にするといったイメージを強くお持ちではないでしょうか。実際にビジネスで中国人や中国企業と交渉をした経験をお持ちの人であれば、実感されていることと思います。

実はこれはビジネスパーソンに限った話ではありません。家庭の主婦であっても、中国人は日本人に比べてはるかにタフ・ネゴシエイターです。

これにはもちろん背景があります。長い歴史の中で何度も王朝が生まれては滅び、さらに広大な国土の中で巨大な人口と多くの民族が暮らす多様性、もともとビジネスや投資が

好きな国民性。これらが自然と中国を自己主張が強くないと生きていけない社会へと変えていったのです。

一方、我々日本人は正反対の環境にありました。海に囲まれた島国の中で同一的な価値観を重んじる民族性が育ち、自己主張したり他人と争うことをよしとしない価値観が生まれました。

したがって、中国人との交渉は日本人にとって決して楽ではありません。本項では、日本側が一方的な不利益を被らないために、最低限知っておくべき事項を説明します。

事前準備は怠らない

中国人との交渉は、事前準備ですべてが決まると言っても過言ではありません。彼らは日本側が到底受け入れられない無理難題を次々に吹っかけてくることがあります。

中国人にとって、交渉はトランプのカードゲームと同じです。攻めもあり、守りもあり、駆け引きもあり、捨て札、見せ札、切り札を駆使して勝利を目指します。

時にはダメ元・ゴネ得の主張で、時には議論を蒸し返したり、論点をすり替えたり、時には交換条件を駆け引きに使って、有利な条件を勝ち取るために死力を尽くします。

そのため、交渉の前には、ある程度、彼らの要求や質問を予想し、譲れるポイントと譲れないポイントを洗い出しておくことが重要です。

また、守りに入るだけでなく、時にはこちらから提案をするくらいの姿勢でいましょう。

飲めないことにはノーと言うことを恐れない

早口でアクセントの抑揚の激しい中国語独特の響きから、中国人に対して必要以上にプレッシャーを感じてしまう日本人も多いようです。また眉間に皺を寄せるなど起伏の激しいジェスチャーから、相手を怒らせてしまったのかと必要以上に気にする日本人もいます。交渉であっても、波風の立たないことを美徳とする日本人らしい反応です。

しかし、眉間に皺を寄せようが、つばが飛んでこようが、彼らが本当に怒っているわけではないのです。表面的には怒っているように見えても、頭の中では冷静にいろいろなことを考え、次に切り出す要求を探っているのが中国人なのです。

したがって、交渉において自分の意に沿わないときは、はっきりとノーと言いましょう。

あいまいな態度に終始し、ノーと言えない日本人は彼らから信用されません。

通訳は自分で手配する

ビジネスの交渉において、通訳は最高の味方であり、最強の戦力です。

通訳の善し悪しが、商談の行方を大きく左右します。

通訳の役割は、単に話し手の言葉を訳すことではなく、話し手の考えやその背景などを考慮して最も適切な言葉を選んで相手に伝えることです。

また、通訳は、語学力だけでなく、主張する力、折衝能力、業界の専門的な知識などが求められます。

学生アルバイトやボランティアの友人に通訳を任せた場合、交渉を有利に運ぶプロとしての役割は期待できません。ましてや中国側の通訳を使う場合は、基本的に中国側の立場で発言されるため、日本側は戦わずして負けを認めたことに等しくなります。

日本側は、プロの通訳を雇った上で、十分に時間を割いて事前打ち合わせを行ってから、中国側との交渉に臨むべきです。

POINT

- 中国人は基本的にタフ・ネゴシエーター。交渉が激しくなることを恐れてはいけない。
- 値切りなど、中国人は無理な要求をすることも多い。ノーと言うことを恐れてはいけない。

第7章

信頼できる業者の選び方

不動産取引には、売主と買主の間に入る業者の存在が不可欠です。

中国人を含む海外投資家と取引をする場合も、どの業者を選ぶのかが非常に重要です。交渉から契約までお願いすることになるため、信頼できる業者を選ぶことが大切です。場合によっては、契約金額に大きな差が生じてしまうこともあります。

本章では、信頼できる不動産業者の選び方について解説します。加えて、不動産会社の活用方法、およびスムーズに不動産売買を成功させる秘訣についても紹介していきます。

01 信頼できる業者の探し方、見分け方 ～海外との取引実績をチェック～

外国人との不動産取引は〝業者〟がカギ

中国人を含む外国人投資家との不動産取引だけに限りませんが、不動産オーナーが注意するべきポイントは、いかに優良な業者とつきあえるかどうか、ということです。業者選びがうまくいけば、不動産取引の半分は成功したと言っても過言ではありません。なぜなら、不動産業者がそのまま投資家との窓口になるからです。

つまり、不動産業者の質によって、宣伝、集客、交渉、契約、あるいは登記からその後の手続まで変わるからです。優良な業者に出会えれば、望むような価格でスムーズな取引が実現できるのです。

もちろん、なかには「自分の物件は自分で売りさばきたい」というオーナーもいることでしょう。しかし、とくに外国人との取引には数多くの困難が待ち構えています。結果的に安く売ってしまうことになれば本末転倒です。

「餅は餅屋」ということわざもあります。「不動産業者」というプロにまかせて、より有利な条件で不動産取引を進めていきましょう。

信頼できるパートナーを見つけよう

では、どのような業者であれば信頼できると判断していいのでしょうか。ポイントは大きく「得意分野にマッチしているか」「実績はあるか」「対応に問題はないか」の3つです。

一口に「不動産業者」と言っても、得意・不得意があります。国内の賃貸に強みがある業者もあれば、海外の売買に強みを発揮する業者もあります。会社の規模で判断するのではなく、その不動産業者の強みを把握しつつ、つきあうようにしましょう。

また、実績や対応の良し悪しも重要です。これから中国人向けに不動産を売りたいと考えているのにも関わらず、外国人との取引実績がまったくない不動産業者に依頼するようではリスクが高すぎます。あらかじめ、どのような実績があり、どのような取引先が多いのかをヒアリングしておくべきです。

対応の良し悪しに関しては、フィーリングで判断するべき部分も多いかもしれません。どんなに表面上の対応が良くても、「ちょっとつきあいにくいな」と感じるようであれば、中長期的な取引関係を構築するのは難しいでしょう。あくまでも、人と人との交渉であることを忘れないようにしてください。

中華圏へのアプローチ

とくに中国人と不動産取引を行う場合には、その不動産業者が中華圏にどのようなアプローチができるのかをチェックするべきです。第3章でも説明したとおり、中国人はネットワークができやすいという特徴があります。裏を返せば、中国人投資家とのネットワークが構築できている不動産業者と組めば、より有利な条件で取引することも可能なのです。

もちろん、将来的なことも考えれば、個人的な関係性を構築しておくことも大切でしょう。ただし、中国人は初対面の相手に対しては警戒していることも事実です。そうであるならば、あらかじめ中国人とのネットワークが構築できている不動産業者とつきあうことで、間接的に中華圏とつながることを目指した方が得策です。

ＧＤＰで日本が抜かれてしまったように、中国の成長は目を見張るものがあります。多少の鈍化はあったとしても、今後も同程度の成長が見込まれることでしょう。不動産をきっかけに、中国人投資家とのつながりを持っておくことは、これから先、個人の資産形成や法人の事業展開といったさまざまな側面でプラスに働くのではないでしょうか。

POINT

- **不動産取引は自分で行うことも可能だが、一般には業者に頼んで行うことが多い。**
- **とりわけ外国人と不動産取引を行う際は、経験豊富な業者をパートナーに選ぶべきである。**

02

不動産会社の活用方法 ～専門家に任せるべきところは任せる～

中国人投資家とのパイプづくり

すでに述べたとおり、中国人投資家とのパイプをつくっておくことは、不動産オーナーにとって多くのメリットがあります。短期的には、自分が所有している不動産を高値で売却できる可能性があること。中長期的には、優良な取引相手としての関係性を構築できるなど、他にもさまざまな利点があります。

とくに、今後の世界経済を考えるうえで、中国との取引関係を構築していくことは重要です。不動産取引をきっかけにして、有効的なビジネス関係を結ぶことにつながるかもしれません。

もちろん、その潤沢な資産にも注目したいところです。１億円を超える物件を現金で購入してしまうほどですので、その資金量は想像に難くないでしょう。まるで、バブル期の日本人のような羽振りの良さなのです。とくに人気である都心のマンションなどでは、ビル一棟まるごと購入する人もいます。そこには大きなビジネスチャンスがあります。

より手っ取り早く中国人投資家とのパイプをつくるには、中国人投資家と取引実績のある不動産会社を活用するのがオススメです。すでに複数のパイプを持っている業者もありますので、上手に活用することで、今後の取引を有利に進めることができるようになります。

手続きや法律関係の代行

不動産業者の活用法としては、手続きや法律関係の代行も任せられます。とくに、日本語も英語もあまり得意ではない中国人投資家を相手にする場合には、なおさら代行者が必要となるでしょう。

中国人の専属スタッフがいる業者であれば、中国人との交渉も理解を得ながら行うことができます。また、外国人との不動産取引に慣れている業者であれば、渉外不動産契約に精通している司法書士を紹介してくれるので、登記の部分まで一貫してお願いできるのです。

最近では、不動産登記を自分で行う人もいるようです。しかし、時間や労力のことを考えれば、プロにお願いするのがもっとも効率的です。くり返しになりますが、中国人投資家との不動産売買に関しては、やはり優良な不動産業者を見つけることが不可欠なのです。

集客から創客まで

中国人投資家との不動産取引に精通している業者であれば、手続きや法律関係の代行だけでなく、集客から潜在的な顧客の開拓まで、幅広いお手伝いをしてくれます。また、常に中国圏の情報を収集していることもあり、いざというときに最適な行動がとれます。

いくら中国人投資家に物件を売りたいと思っても、アプローチする方法がなければ売ることはできません。もちろん、不動産オーナー自ら、中国人投資家がチェックしている媒体に物件を掲載すれば、それなりに注目される可能性はありますが、その後の交渉まで行うのは大きな負担となります。

不動産業者に依頼すれば、手続き関係を除き、オーナーがやるべきことはほぼありません。プロに任せてしまえるのです。もう、物件の売買に関することで悩む必要はありません。本業に集中しつつ、物件の行く末を見守るだけでいいのです。

高値での売却はプロの腕の見せどころ

不動産を高値で売却するために必要なのは、専門家のパートナーです。

みなさんが不動産についての知識をどれだけたくさん勉強したところで、仕事で毎日、実物の資産に触れているプロの不動産業者にはかないません。

そのため、不動産を売却する第一歩は、自分のエージェントとなって、高値売却のために奔走してくれる腕の良い不動産仲介業者を見つけることです。

不動産の使用や処分については、様々な法令に従わなければならず、住宅を建てるのにも、お店を開くのにも許可が必要です。

それらの不動産関係の法令や実務、業界の慣習や市場の動向などがすべて頭に入っているのが、プロの不動産業者です。

POINT

- **中国人との取引を行うことで、彼らのネットワークに入れる可能性がある。**
- **問題物件や〝ワケあり〟物件を高値で売却するのは、業者としての腕の見せ所である。**

03 スムーズに不動産売買を成功させる秘訣 ~ビジネスは〝人対人〟~

相互理解に努めるべし

最後に、不動産売買をスムーズに進め、投資を成功させる秘訣についてご紹介します。

ポイントは、「相互理解」「意向の把握」「関係構築」の3つです。

日本と中国は近隣諸国として長い関係にありますが、歴史上の出来事を振り返ってみると、友好的であった時代は決して長くありません。とくに近年では、東シナ海をはじめとするさまざまな諸問題を抱えており、今後の日中関係の行方は見通せない状態です。

また、両国民同士の感情について考えてみても、あまり芳しいものではありません。むしろ、お互いの国に対する無理解から、反中・反日の感情を抱いている人は少なくないの

です。

しかし、ことビジネスの観点から考えるとどうでしょうか。やはり、中国も日本も、お互いが良き取引相手であることに変わりはありません。むしろ、将来のことを考えれば考えるほど、お互いの関係性の構築は欠かせません。

もちろん、個々のビジネスを考えた場合でも同様です。中国という巨大な国を取引相手として見られるようになれば、日本という限られた市場から、大きく可能性が広がります。ただし、ビジネスをするにあたっても、必要なのは相互理解です。お互いの理解が進まない限り、有効的な関係性を構築することはできません。可能であれば、まずは私たちの方から中国人を理解すること。最初はビジネス的な観点からでも構いません。

その結果、お互いにプラスとなるような間柄になれれば、将来のビジネスにもつながります。

相手の意向を把握する

日本の不動産を中国人投資家に売る場合を考えれば、まずは「中国人とはどのような人たちなのか」「どのような特徴を持っているのか」「ビジネスにおいて何を大事にしているのか」など、相手の意向を把握することが大切です。

相手の意向を把握し、理解することによって、こちらのことも理解してもらえる可能性があります。ビジネスをスタートさせるには、おもてなしの気持ちが欠かせないと思います。それは、私たち日本人からはじめるべきなのです。

中長期的な関係構築を目指して

中国経済の将来性について、多くの調査や論評がなされています。しかし、あまり感情的な悲観論、楽観論に振り回されても仕方ありません。

いや、広大な国土の中に地域的多様性と13億人の個性を持ち、同時に歴史的な急変化の過程にある中国に対して、断定的な評価に意味があるとは思えません。重要なのは自分でよく見聞きし、考え、評価し、自分で評価することです。

日本人と中国人がビジネスをきっかけとして中長期的に良好な関係を築けるようになること。それは、両国の発展にもつながります。政府同士が不仲であったり、過去の歴史的ないざこざがあったりしたとしても、ビジネスではフラットな気持ちで取引をすることが大切です。

少なくとも、2020年の東京オリンピックまでは、日本の不動産は人気が続きそうです。中国人をはじめとする海外投資家にとって、日本の不動産は圧倒的な魅力を放っています。このチャンスを活かすためにも、中国人との中長期的な関係を目指して、かしこくビジネスをしていきましょう。

POINT

- **結局、ビジネスは「人対人」の世界。これは取引相手が外国人でも同じことである。**
- **相手を知ることで、良好かつ長きにわたる関係を構築することができる。**

おわりに

中国人とビジネスをするということ

本書を読み終わった今、中国に対するイメージが変わった方もいるかと思います。とくに、中国人に対してマイナスのイメージを持っていた方は、あらためて「ビジネス」という関係で捉え直してみることによって、認識を変えていただければと思います。

というのも、これから先、私たち日本の未来はそれほど楽観視できなさそうだからです。少子高齢化は世界でも例を見ないほど進展していきます。その結果、国全体のＧＤＰは伸び悩み、２０２０年に開催される東京オリンピック後の景気も不安視されています。

そうした状況の中で、移民政策以外に唯一、人口を増やす方法が短期移民だと提案されています。

短期移民とは、出稼ぎ労働者ではなく、日本に住むわけでもなく、一定期間だけ滞在する外国人と定義づけられています。つまり外国人観光客のことです。

人口が減少する日本がGDPを成長させる有力な方法が、人口減少を補うほどの外国人観光客を受け入れること、つまり観光立国の道を歩んでいくことです。

とりわけ中国人旅行客の存在は大きく、2015年の訪日数は499万人となり、今後もまだまだ伸びていくことでしょう。

中国の中産階級は、共働きでは年収900万円、副業を入れると年収1200万円と言われ、お金に余裕があるにもかかわらず、自国のものが信じられないので、日本の家電、食料から土地やマンションに至るまで、ニッポンブランドを買っています。

近隣諸国であり、世界の大国でもある中国とビジネスをするということは、これまで国内取引のみに甘んじていた不動産オーナーや投資家のみなさんには大きなチャンスとなるはずです。もちろん、中国人だけでなく、世界の人々とビジネスをするという意識を持てば、国内景気にとらわれず、ビジネスができることになるのです。

日中友好のきっかけとして

不動産投資をきっかけとして、中国人と取引をするようになれば、さらにお互いの理解が深まるかもしれません。やや大げさに聞こえるかもしれませんが、不動産取引を通じて、日中友好が深まるきっかけになるかもしれないのです。

ビジネスにおいては、相手がどこの国の人なのかはもちろん、人種、信条、性別などは関係ありません。お互いに利益を得たいと考えており、双方に望むものがあり、交渉が成立すればそれでいいのです。これほどシンプルな世界はありません。

もちろん、日本と中国の間には領土問題などシビアな政治的対立があります。過去の歴史的な経緯による国民感情もあります。しかし、こと不動産取引という観点から考えてみれば、まっさらな気持ちで、お互いにメリットのある関係性が築けるかもしれません。そこには、偏見などないのです。

より良い取引のために

本書を読んで、「日本の不動産を外国人に売るなんて」と眉をひそめる人がいるかもしれません。しかし、不動産オーナーの方々からしてみれば、いかに好条件で取引できるかということは死活問題のはずです。それが本来のビジネスなのですから。

また、海外の人と取引をすることに抵抗を感じているようでは、これからのグローバル社会において、生き残るのは難しいのではないでしょうか。未来のことは誰にもわかりません。しかし、チャンスをつかめるのは、新しい文化を積極的に取り入れた人だけです。

中国に、次のような格言があります。

「君子は言に訥《とつ》にして、行いに敏《びん》ならんことを欲す」。

日本でも有名な『論語』にある言葉です。その意味は、「君子は口先だけでなく、行動で示す」ということです。

ぜひ、本書を読んで、中国人をはじめとする海外投資家と価値ある取引を行っていただければ幸いです。

最後に、司法書士の平野克典先生と羽生明彦先生には専門家の立場から本書の監修を引き受けていただき、大変お世話になりました。この場を借りて篤く御礼申し上げます。

金子嘉德

【著者紹介】

金子嘉德（かねこ・よしのり）

株式会社フロンティアグループ　代表取締役
1974年生まれ。米国ミズーリ大学コロンビア校卒業。同大在学中に北京大学に交換留学。日系商社及び外資系企業勤務を経て、当時東証一部上場の金融グループ企業に転職し、在職中32歳の最年少で取締役に就任。また在職中、中央大学大学院国際会計研究科（MBAコース）を首席卒業。2008年株式会社フロンティアグループを設立し、代表取締役に就任。不動産事業を中心に、M&A、人材紹介など、多様なビジネスを手がけている。

株式会社フロンティアグループ
http://www.frogro.co.jp/

【監修者紹介】

平野克典（ひらの・かつのり）＊企画構成協力

司法書士。早稲田大学政治経済学部経済学科卒業。米国ミズーリ大学コロンビア校留学。トヨタ自動車株式会社、埼玉県庁を経て、司法書士羽生明彦事務所に入所。日本貿易振興機構（ジェトロ）出向中は、海外企業誘致に従事。NPO法人渉外司法書士協会会員。

羽生明彦（はぶ・はるひこ）＊法令手続監修

司法書士。成蹊大学法学部法律学科卒業。東京都立川市で司法書士事務所開設後、20年以上にわたり、外国人及び海外在住日本人の渉外業務（不動産・商業登記）に従事。NPO法人渉外司法書士協会理事。『月刊登記情報』などに論文寄稿、講演多数。

＊本書に記載した情報や意見によって読者に発生した損害や損失については、
著者、発行者、発行所は一切責任を負いません。投資における最終決定は
ご自身の判断で行ってください。

海外投資家に日本の不動産を売る方法

2016年12月5日　初版発行

著　者　金子嘉徳
監修者　平野克典・羽生明彦
発行者　野村直克
発行所　総合法令出版株式会社
〒103-0001　東京都中央区日本橋小伝馬町15-18
ユニゾ小伝馬町ビル9階
電話 03-5623-5121（代）

印刷・製本　中央精版印刷株式会社

落丁・乱丁本はお取替えいたします。

ISBN 978-4-86280-532-4
総合法令出版ホームページ　http://www.horei.com/